한권 한달 완성
독일어 말하기

한권 한달 완성
독일어 말하기 Lv. 2

초판 1쇄 발행 2025년 6월 4일

지은이 김성희
펴낸곳 (주)에스제이더블유인터내셔널
펴낸이 양홍걸 이시원

홈페이지 www.siwonschool.com
주소 서울시 영등포구 영신로 166 시원스쿨
교재 구입 문의 02)2014-8151
고객센터 02)6409-0878

ISBN 979-11-6150-991-4 13750
Number 1-531108-30309900-09

이 책은 저작권법에 따라 보호받는 저작물이므로 무단복제와 무단전재를 금합니다. 이 책 내용의 전부 또는 일부를 이용하려면 반드시 저작권자와 ㈜에스제이더블유인터내셔널의 서면 동의를 받아야 합니다.

한권 한달 완성
독일어 말하기 Lv. 2

김성희 지음

SIWON
SCHOOL
GERMAN

시원스쿨닷컴

머리말

안녕하세요!
시원스쿨 독일어 강사
김성희입니다.

항상 영상 속에서 제 목소리로 저를 소개하고 인사드렸는데, 이렇게 글로 써보니 감회가 새롭습니다. 독일어의 세계에 문을 두드린 여러분! 모두 환영합니다.

누군가는 독일어를 어려운 언어, 인기 없는 비주류 언어라고 말할지 모릅니다. 독일어가 쉬운 언어는 아니지만, 그렇다고 어렵기만 한 것은 아닙니다. 저는 독일어가 '배우고 깨쳐 나가는 과정이 즐겁고 아주 효율적이며 매력적인 언어'라고 생각합니다. 또한 독일, 스위스, 오스트리아 외에도 다양한 곳에서 독일어가 사용되고 있어 유럽의 제1언어라고 불리기도 합니다.

외워야 할 것이 많고, 우리말과 다른 생소한 부분, 영어와 비슷한 것 같지만 의외로 다른 부분들이 학습자들에게 어려움을 안겨주는 것은 사실입니다. 영어와 조금 더 비교를 해보자면, 많은 사람들이 오랜 시간 영어를 배웠지만 영어권 국가의 대학에서 바로 수업을 들을 수준이 되려면 또다시 몇 년을 공부해야 할지도 모릅니다. 이에 비해 독일어는 특정 목표를 위해 배우기 시작한 시점으로부터 길게는 3년, 짧게는 1년 정도 투자하시면 누구나 중급 이상의 독일어를 구사하실 수 있습니다.

물론 개인차는 있습니다. 어떤 분은 3년 넘게 공부해도 중급이 안 되시는 분도 있고, 시작 3개월 만에 중급 시험인 B1에 합격하시는 분도 제가 직접 지켜본 적이 있습니다. 이렇게 개인차는 있지만, 많은 분들을 지켜본 저의 경험상 평균적으로 6개월 정도 공부하시면 그 아래 수준인 A2에 도달하실 수 있습니다. 만약 여러분이 <한권 한달 완성 독일어 말하기> 시리즈 교재로 공부를 마치신 경우라면 A1에 도달했다고 볼 수 있겠습니다.

〈한권 한달 완성 독일어 말하기〉 시리즈 교재와 강의는 아주 쉽고 간단하게 만들어졌습니다. 20년 가까이 다양한 현장에서 수업하면서, 누구나 이해할 수 있도록 쉽게 강의하는 것과 간단하면서도 쉬운 교재를 만들어 내는 것이 오히려 얼마나 어려운 일인지를 점차 알게 되었습니다. 어려운 문법 용어 같은 말을 하지 않고도 직관적으로 이해하고, 적용하여 바로 입으로 내뱉을 수 있는 콘텐츠를 만들기 위해 시원스쿨의 직원분들과 저는 많은 노력을 기울였다고 자부할 수 있습니다.

저희 시원스쿨 강의와 교재로 공부하시면서 이 점을 분명히 느끼실 수 있을 거라 생각합니다. 이런 점을 느끼셨다면 시원스쿨 독일어 홈페이지 후기란에 꼭 남겨주십시오. 하나하나 소중하게 읽어보고 있습니다. 그 후기들을 보며 많은 보람을 느낍니다. 그 보람은 제가 독일어 강의를 계속할 수 있도록 해주는 원동력이 되기도 하고, 제가 살아가는 이유 중 하나이기도 합니다.

독일어 시험장에서나 독일어 학원 등에서 시원스쿨 강의를 들었다고 제게 말씀해주시는 분들을 종종 만나게 됩니다. 조금 쑥스럽긴 하지만 참 기분이 좋습니다. 혹시 저를 만나시면 주저하지 마시고 함께 기쁘게 인사 나누었으면 좋겠습니다.

어디에선가 저의 강의와 교재로 독일어를 공부하고 계시는 모든 분들이 독일어의 매력에 흠뻑 빠져 행복하고 건강하게 살아가시기를 진심으로 기원하고 응원합니다. 이 책이 나오기까지 도움을 주신 많은 분들께 진심으로 감사드립니다. 또한 제 인생의 동반자와 사랑하는 도 남매에게도 고맙다는 말을 전하고 싶습니다.

마지막으로 시원스쿨 독일어에 앞으로도 많은 관심과 사랑을 부탁드립니다.

감사합니다.

저자 김성희

이 책의 구성과 특징

오늘의 주제

해당 Lektion의 학습 목표를 먼저 확인하면서 독일어 학습을 준비해 볼까요? 각 Lektion에서 반드시 기억해야 할 오늘의 표현도 먼저 확인해 보세요.

오늘의 단어

왕초보 단계에서 꼭 알아야 할 필수 단어들을 먼저 배워 보세요. MP3를 들으며 각 단어의 발음을 정확히 익힌 뒤, 큰 소리로 여러 번 따라 읽으며 자연스럽게 입에 익혀 보세요.

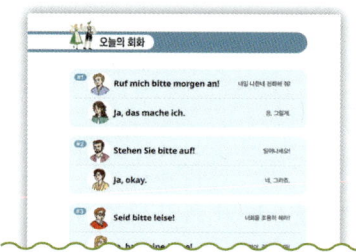

오늘의 회화

기초 회화 실력을 쌓을 수 있는 대화문으로 각 Lektion의 핵심 문장을 자연스럽게 익혀 보세요. 자주 쓰이는 표현들과 함께 실제 상황에서 활용할 수 있는 실용적인 독일어 표현들을 연습할 수 있어요.

오늘의 학습 내용

독일어 문법, 어렵지 않아요! 각 Lektion에서는 보기 쉽게 정리된 표와 다양한 응용 예문으로 필수 문법을 익힐 수 있어요. 추가적으로 알아 두면 유용한 내용은 이것만은 꼭!에서 짚어 드려요.

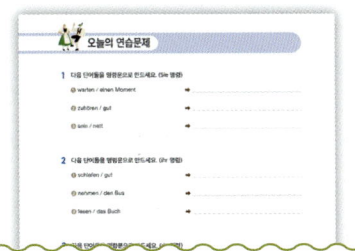

오늘의 연습문제

각 Lektion에서 배운 내용에 대한 이해도를 점검하는 연습문제를 제공합니다. 제시된 문제에 적절한 답을 적어 보면서 스스로 얼마나 완벽하게 학습 내용을 이해했는지 확인해 보세요.

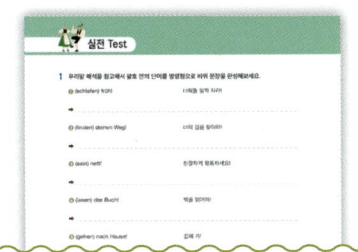

실전 Test

앞서 학습한 내용들을 종합적으로 복습하면서, 최종 실력을 확인할 수 있는 다양한 문제를 제공합니다. 어렵게 생각하지 마세요! 놓친 부분이 있다면 다시 한 번 돌아가서 복습해도 괜찮아요. 자신 있게 도전해 보세요.

**원어민 성우
무료 MP3 파일**

원어민 성우의 정확한 발음을 듣고 따라하며 본 교재의 내용을 반복 연습할 수 있도록 무료 MP3 파일을 제공합니다.

**필수 문장 쓰기 노트,
필수 동사 변화표**

본 교재에서 다룬 필수 문장과 필수 동사 변화표를 PDF로 제공합니다. 배운 내용을 PDF로 복습하면서 독일어 실력을 탄탄하게 다져보세요.

**저자 직강
동영상 강의**

독학을 위한 저자 유료 동영상 강의를 제공합니다. 동영상 강의는 germany.siwonschool.com에서 확인하세요.

차례

- 머리말 — 004
- 이 책의 구성과 특징 — 006

- 준비하기 01 주어 · 동사 외의 문장 성분 배열하기 — 012
- 준비하기 02 대등접속사 — 014
- 준비하기 03 부사적 접속사 — 016
- 준비하기 04 종속접속사 — 018
- 준비하기 05 분리동사와 비분리동사 — 020

Lektion 01 Hören Sie bitte zu! — 022
잘 들어 주세요!
명령문

Lektion 02 Ich war zu jung. — 028
나는 너무 어렸어.
과거시제

Lektion 03 Ich habe das Lied gehört. — 034
나는 그 노래를 들었어.
현재완료시제 1

Lektion 04 Er ist nach Bremen gefahren. — 040
그는 브레멘으로 갔다.
현재완료시제 2

Lektion 05 Wiederholung — 046
1~4강 복습

Lektion 06	**Ich lerne seit einem Monat Deutsch.** 전 한 달 전부터 독일어를 배우고 있어요. 3격 지배전치사	**054**
Lektion 07	**Ich bin gegen deine Meinung.** 난 너의 의견에 반대야. 4격 지배전치사	**060**
Lektion 08	**Gehen wir ins Kino?** 우리 영화관 갈래? 3&4격 지배전치사	**066**
Lektion 09	**Ich mache das während des Semesters.** 나는 그걸 학기 중에 해. 2격 지배전치사	**074**
Lektion 10	**Ich werde dich vermissen.** 네가 그리울 거야. 미래시제	**080**
Lektion 11	**Wiederholung** 6~10강 복습	**086**
Lektion 12	**Er ist größer als ich.** 그가 나보다 키가 커. 형용사의 비교·최상급	**094**
Lektion 13	**Viele Leute trinken kaltes Wasser.** 많은 사람들이 차가운 물을 마신다. 형용사의 어미변화 1	**100**
Lektion 14	**Der neue Lehrer ist nett.** 그 새로운 선생님은 친절하다. 형용사의 어미변화 2	**106**

Lektion 15	**Ich habe einen älteren Bruder.** 저는 오빠를 한 명 가지고 있어요. 형용사의 어미변화 3	**112**
Lektion 16	**Wiederholung** 12~15강 복습	**118**
Lektion 17	**Welches Eis möchtest du?** 어떤 아이스크림을 먹고 싶어? welch- 어떤	**126**
Lektion 18	**Was für einen Wein möchten Sie?** 어떤 종류의 와인을 원하십니까? was für ein- 어떤 종류의	**132**
Lektion 19	**Heute ist der dritte September.** 오늘은 9월 3일이야. 서수 (날짜 말하기)	**138**
Lektion 20	**Ich mache jeden Tag Sport.** 나는 매일 운동을 해. 시간을 나타내는 4격 부사구	**146**
Lektion 21	**Kannst du es ihm geben?** 그에게 그것을 줄 수 있니? 목적어의 배열	**152**
Lektion 22	**Ich hätte gern noch ein Bier.** 맥주 하나 더 주세요. 접속법 2식	**158**
Lektion 23	**Wiederholung** 17~22강 복습	**166**

Lektion 24 Ich glaube, dass ihr mehr Deutsch lernen solltet. 174
난 너희들이 독일어 공부를 더 해야 한다고 생각해.
dass 절

Lektion 25 Ich hoffe, bald perfekt Deutsch zu sprechen. 180
내가 곧 독일어를 완벽하게 말하기를 바라.
zu 부정사

Lektion 26 Ich ziehe mich an und kämme mich. 186
나는 옷을 입고 머리를 빗는다.
재귀대명사와 재귀동사

Lektion 27 Wissen Sie, wo die Toilette ist? 192
화장실이 어디 있는지 아시나요?
간접의문문

Lektion 28 Ich möchte ein Handy kaufen, das nicht so teuer ist. 198
나는 별로 비싸지 않은 핸드폰을 사고 싶다.
관계대명사 1

Lektion 29 Wer ist der Mann, mit dem sie jetzt spricht? 206
그녀가 지금 얘기하고 있는 남자는 누구야?
관계대명사 2

Lektion 30 Wiederholung 212
24~29강 복습

정답 220

준비하기 01 — 주어·동사 외의 문장 성분 배열하기

1. 부사의 배열

①	②	③
Ich	komme	aus Korea.
Woher	kommst	du?
Aus Korea	komme	ich.

① 첫 번째 자리 : 주어 또는 (강조하고 싶은) 다른 문장 성분
② 두 번째 자리 : 평서문과 의문사 있는 의문문에서의 동사
③ 세 번째 자리 : 나머지 요소는 '시 → 원 → 방 → 장' 순으로 배열 (추천)

2. 시원방장(TeKaMoLo)

무조건적으로 지켜야 하는 규칙은 아니지만, 이렇게 문장을 구성했을 때 가장 자연스럽습니다. 특히 시간과 장소만 나열할 경우 반드시 시간 먼저 써주세요!

시간 (**Te**mporal)	오늘, 나중에, 몇 시에...
원인 (**Ka**usal)	~때문에, 더워서, 시험을 위해서
방법/정도 (**Mo**dal)	일찍, 빨리, 예쁘게, 급하게, 잘
장소 (**Lo**kal)	~로, ~에

3. 예문으로 확인하기

wegen Erkältung / zur Arbeit / spät / heute

Weber씨는 오늘 감기 때문에 늦게 직장에 간다.
➜ Herr Weber geht heute wegen Erkältung spät zur Arbeit.

um 5 Uhr / nach Hause / mit dem Fahrrad

그는 5시에 자전거를 타고 집으로 간다.
➜ Er fährt um 5 Uhr mit dem Fahrrad nach Hause.

jetzt / für die Prüfung / fleißig

그녀는 지금 시험을 위해 열심히 공부하고 있다.
➜ Sie lernt jetzt fleißig für die Prüfung.

MEMO

준비하기 02 대등접속사

1. 접속사

· 접속사는 문장과 문장을 이어주는 역할을 하는 단어입니다.
· 독일어 접속사에는 '대등접속사, 부사적 접속사, 종속접속사'가 있습니다.

2. 대등접속사

· 대등접속사는 문장에서 자리를 차지하지 않습니다.
· 대등접속사 뒤에는 주어나 다른 문장성분이 첫 번째 자리를 차지하고, 동사는 항상 두 번째 자리에 위치합니다.

ⓞ	①	②	③
Denn	ich	bin	krank.
Aber	er	möchte	nicht.

① 대등접속사의 종류 : ADUSO

A	D	U	S	O
aber	denn	und	sondern	oder
그러나	왜냐하면	그리고, 또	오히려	또는, 혹은

② 대등접속사의 특징

· 쉼표 또는 마침표 이후에 대등접속사로 연결할 수 있습니다. (단, und는 쉼표 없이 연결합니다.)
· 대등접속사 뒤 문장 구조는 평서문과 동일합니다. → 대등접속사 + [주어 + 동사 + 나머지]
· 독립된 주절을 이끌지만 자리를 차지하지 않으므로 평서문과 동일한 문장 구조가 유지됩니다.
· aber는 부사로도 사용 가능하므로 문장 중간에 위치할 수 있습니다.
· 연결하는 두 문장의 주어가 같은 경우 und나 oder 다음의 주어는 생략이 가능합니다.

3. 예문으로 확인하기

Der Laptop ist gut. Aber er ist leider sehr teuer.
노트북은 좋습니다. 하지만 안타깝게도 매우 비쌉니다.

Der Laptop ist gut, aber er ist leider sehr teuer.
노트북은 좋지만, 안타깝게도 매우 비쌉니다.

Der Laptop ist gut, er ist aber leider sehr teuer.
노트북은 좋습니다만, 안타깝게도 매우 비쌉니다.

Der Laptop ist gut, aber leider ist er sehr teuer.
노트북은 좋지만, 안타깝게도 매우 비쌉니다.

 대등접속사 뒤에 'leider'와 같이 주어가 아닌 문장 성분이 올 수도 있지만 이 때에도 동사는 두 번째 자리에 위치합니다.

4. 문장 만들기

Sie spricht Deutsch und Französisch.
그녀는 독일어와 프랑스어를 말한다.

Du sprichst aber sehr gut Deutsch!
너 그런데 독일어 정말 잘한다!

Der Bleistift ist nicht lang, sondern kurz.
그 연필은 길지 않고 짧다.

Er isst nichts, denn er hat keinen Hunger.
그는 아무것도 먹지 않는다. 배가 고프지 않기 때문이다.

Möchtest du Kaffee oder Tee (trinken)?
너 커피 마실래 아니면 차 마실래?

MEMO

준비하기 03 부사적 접속사

1. 부사적 접속사

① 부사적 접속사의 특징
· 부사적 접속사는 문장 내에서 '접속 부사'의 역할을 합니다.
· 문장의 맨 앞에 올 때 첫 번째 자리를 차지합니다. ➔ 부사적 접속사 + [동사 + 주어 + 나머지]

①	②	③	④
Deswegen	lernt	sie	fleißig.
Außerdem	ist	es	billig.

② 부사적 접속사의 종류

그래서, 따라서	deshalb	그럼에도 불구하고	trotzdem
	deswegen		dennoch
	daher	물론, 그렇지만	allerdings
	darum		jedoch
따라서, 고로	also	왜냐하면	nämlich
게다가	außerdem	~이긴 하지만	zwar
그러나, 하지만	doch		

* TIPP
1. nämlich는 문장 맨 앞보다는 주어 동사 다음 자리에 주로 위치
2. doch는 대등접속사로 볼 수도 있음

③ 예문으로 확인하기

> 나는 동물을 좋아한다. 그래서 수의사가 되고 싶다.

Ich mag Tiere. Deshalb ich möchte Tierarzt werden. (X)
Ich mag Tiere. Deshalb möchte ich Tierarzt werden. (O)
Ich mag Tiere. Ich möchte deshalb Tierarzt werden. (O)

2. 문장 만들기

Sie hat morgen Prüfung, deswegen lernt sie fleißig.
그녀는 내일 시험이 있다. 그래서 열심히 공부한다.

Er ist krank. Deshalb ist er jetzt zu Hause.
그는 아프다. 그래서 그는 지금 집에 있다.

Er ist müde, daher kommt er nicht.
그는 피곤하다. 그래서 그는 오지 않는다.

Es ist kalt. Trotzdem gehe ich schwimmen.
(날씨가) 춥다. 그럼에도 불구하고 나는 수영 간다.

Es regnet. Trotzdem machen wir einen Ausflug.
비가 온다. 그럼에도 우리는 소풍을 간다.

Ich denke, also bin ich.
나는 생각한다. 고로 나는 존재한다.

Sie kann nicht kommen, sie hat nämlich eine Erkältung.
그녀는 올 수 없다. 왜냐면 감기에 걸렸기 때문이다.

Das Essen schmeckt gut. Außerdem ist es billig.
그 음식은 맛있다. 게다가 저렴하다.

Zwar weiß ich viel, doch möchte ich alles wissen!
나는 많은 것을 알고 있지만, 모든 것을 알고 싶다!

MEMO

준비하기 04 종속접속사

1. 종속접속사

① 종속접속사의 특징

· 주문장(=주절)에 종속되어 사용되는 종속절을 이끄는 접속사입니다.
· 종속접속사가 이끄는 종속절은 주절 없이 단독으로 사용할 수는 없습니다.
· 주문장과 콤마로 연결되며, 종속절 내에서 동사는 맨 뒤에 위치합니다(후치).

➜ 주문장, + [종속접속사 + 주어 + 나머지 + 동사.]

Weil	er	krank	ist,	+ 주문장.
주문장, +	weil	er	krank	ist.

② 종속접속사의 종류

왜냐하면	weil	~한다면	wenn
	da	~하는 동안에	während
~함에도 불구하고	obwohl	~인지 아닌지	ob
~하기 전에	bevor	~한 후에	nachdem
~였을 때	als	~할 때까지	bis
~하기 위해	damit		

③ 예문으로 확인하기

나는 수의사가 되고 싶다. 왜냐면 나는 동물을 좋아한다.

Ich möchte Tierarzt werden, denn ich mag Tiere. (O)
Ich möchte Tierarzt werden, weil ich mag Tiere. (X)
➜ Ich möchte Tierarzt werden, weil ich Tiere mag. (O)
   = Weil ich Tiere mag, möchte ich Tierarzt werden. (O)

2. 문장 만들기

Sie lernt fleißig, weil sie morgen Prüfung hat.
그녀는 열심히 공부한다. 왜냐면 내일 시험이 있다.

Weil er krank ist, ist er jetzt zu Hause.
그는 아프기 때문에, 지금 집에 있다.

Da er müde ist, kommt er nicht.
그는 피곤하기 때문에 오지 않는다.

Ich gehe schwimmen, obwohl es kalt ist.
나는 수영 간다. (날씨가) 추움에도 불구하고.

Obwohl es regnet, machen wir einen Ausflug.
비가 옴에도 우리는 소풍을 간다.

Ich mache das, wenn ich Zeit habe.
나는 시간이 있으면 그것을 한다.

Ich komme, wenn du willst!
네가 원하면 올게!

Ich muss warten, bis sie fertig ist.
나는 기다려야 한다. 그녀가 끝날 때까지.

Wir lernen Deutsch, damit wir in Deutschland arbeiten.
우리는 독일어를 공부한다. 독일에서 일하기 위해.

MEMO

준비하기 05 — 분리동사와 비분리동사

1. 비분리동사

① 비분리동사란?

비분리동사는 분리되어 사용되지 않는 동사로 기존에 이미 있는 기본동사에 비분리전철이 붙은 형태의 동사입니다. 비분리전철은 기본동사와 하나로 결합되어 문장 내에서 분리되지 않습니다.

② 비분리전철

· 종류 : be, ge, emp, ent, er, ver, zer, miss

> **TIPP** 위의 8개 전철 외에는 모두 다음 과에 나오는 분리전철이니, 비분리전철을 잘 알아두세요!

bekommen	받다, 얻다	Er bekommt den Preis.
gefallen	마음에 들다	Das gefällt mir!
empfehlen	추천하다	Was empfehlt ihr?
entschuldigen	용서하다	Entschuldigen Sie bitte!

Ich verkaufe mein Auto.
나는 나의 차를 판다. (verkaufen)

Sie erklärt mir.
그녀는 나에게 설명한다. (erklären)

Sie besuchen mich.
그들이 나를 방문한다. (besuchen)

Wir verstehen dich.
우리는 너를 이해한다. (verstehen)

2. 분리동사

① 분리동사란?
분리동사는 분리되어 사용되는 동사로 기존에 이미 있는 기본동사에 분리전철이 붙은 형태의 동사입니다. 분리전철은 현재 시제, 과거 시제, 명령형의 문장 내에서 기본동사에서 분리되어 문장의 맨 끝으로 가게 됩니다.

② 분리전철
· 종류 : an, auf, aus, mit, fern, her, zurück, ein, vor, zu, ab, los, weg, nach ...

ankommen	도착하다	Er kommt morgen an.
fernsehen	텔레비전보다	Ich sehe gern fern.
aufstehen	일어나다	Wann stehst du auf?
einkaufen	장보다	Er kauft Lebensmittel ein.

Kommst du auch mit?
너도 올래? (mitkommen)

Ich steige hier aus.
나는 여기에서 내린다. (aussteigen)

Er räumt sein Zimmer auf.
그는 그의 방을 청소한다. (aufräumen)

Wann kommt ihr zurück?
너희는 언제 돌아오니? (zurückkommen)

MEMO

Lektion 01

Hören Sie bitte zu!
잘 들어 주세요!

MP3 바로 듣기

🇩🇪 오늘의 학습 목표
- ✓ 명령문

🇩🇪 오늘의 표현
- ✓ 잘 들어 주세요!   Hören Sie bitte gut zu!
- ✓ 나한테 전화해 줘!   Ruf mich bitte an!
- ✓ 잘들 자!   Schlaft gut!

🇩🇪 오늘의 단어

수프	e. Suppe	그리다	zeichnen
오른쪽으로	nach rechts	양	s. Schaf
더 큰소리로	lauter	용기	r. Mut
포기하다	aufgeben	다시	wieder
길, 방법	r. Weg	건강한	gesund
호흡하다, 숨쉬다	atmen	조용히	leise
깊게	tief	화내는, 나쁜	böse

오늘의 회화

#1

Ruf mich bitte morgen an!   내일 나한테 전화해 줘!

Ja, das mache ich.   응, 그럴게.

#2

Stehen Sie bitte auf!   일어나세요!

Ja, okay.   네, 그러죠.

#3

Seid bitte leise!   너희들 조용히 해라!

Ja, hab keine Sorge!   알았어, 걱정하지 마!

#4

Fang jetzt an!   이제 시작해!

Hilf mir bitte!   나 좀 도와줘!

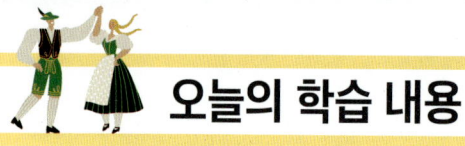

오늘의 학습 내용

1 명령문의 기본 형태

명령문은 상대방에게 어떤 행동을 지시하거나 요청할 때 사용합니다. 명령문에서 명령을 받는 대상은 눈 앞에 있는 상대방(2인칭)입니다.

Sie	동사원형 + Sie!
ihr	동사어간 + t!
du	동사어간!

Kommen Sie!
Kommt!
Komm!

Kommen Sie rein!	들어오세요! (Sie)
Kommt rein!	들어와! (ihr)
Komm rein!	들어와! (du)
Essen Sie die Suppe!	그 수프를 드세요! (Sie)
Esst die Suppe!	그 수프를 먹어! (ihr)
Iss die Suppe!	그 수프를 먹어! (du)
Schlafen Sie gut!	잘 주무세요! (Sie)
Schlaft gut!	잘 자! (ihr)
Schlaf gut!	잘 자! (du)
Gehen Sie nach rechts!	오른쪽으로 가세요! (Sie)
Geht nach rechts!	오른쪽으로 가! (ihr)
Geh nach rechts!	오른쪽으로 가! (du)

② du에 대한 명령문

1) 어간의 e가 i / ie로 바뀌는 경우

du에 대한 명령문에서 e → i / ie로 바뀌는 불규칙동사에 주의하세요. 명령문을 만들 때는 어간이 변화한 상태에서 st 또는 t를 삭제합니다.

e → i		e → ie	
du	sprichst	du	siehst
	gibst		empfiehlst
	nimmst		liest
	isst		
	triffst		

TIPP 현재 인칭에서 어간이 a → ä로 바뀌는 불규칙동사는 명령문에 적용이 되지 않습니다.

Nimm den Bus!	그 버스를 타!
Sprich bitte lauter!	더 크게 얘기해 줘!
Gib nicht auf!	포기하지 마!
Lies das!	이것을 읽어!

2) du 명령문에 e가 붙는 경우

du에 대한 명령문에서 어간이 -d, -t, -m, -n 등으로 끝나는 동사는 e를 붙입니다. 명령문을 만들 때는 어간에 e가 붙은 상태에서 st를 삭제합니다.

du	findest
	wartest
	atmest
	zeichnest

Finde deinen Weg! 너의 길을 찾아!

Warte bitte! 좀 기다려!

Atme tief! 깊이 숨 쉬어!

Zeichne mir ein Schaf! 나에게 양 한 마리를 그려 줘!

③ 불규칙 명령문

불규칙 명령문은 따로 외워야 합니다.

	Sie	ihr	du
haben	Haben Sie!	Habt!	Hab!
werden	Werden Sie!	Werdet!	Werde!
sein	Seien Sie!	Seid!	Sei!

Hab Mut! 용기를 가져! (du)

Werdet wieder gesund! 다시 건강해져라! (ihr)

Seien Sie bitte leise! 조용히 하세요! (Sie)

Sei bitte nicht böse! 화내지 마! (du)

오늘의 연습문제

1 다음 단어들을 명령문으로 만드세요. (Sie 명령)

① warten / einen Moment ➡ _____

② zuhören / gut ➡ _____

③ sein / nett ➡ _____

2 다음 단어들을 명령문으로 만드세요. (ihr 명령)

① schlafen / gut ➡ _____

② nehmen / den Bus ➡ _____

③ lesen / das Buch ➡ _____

3 다음 단어들을 명령문으로 만드세요. (du 명령)

① anrufen / mich ➡ _____

② haben / Mut ➡ _____

③ geben / mir / die Adresse ➡ _____

정답 p.220

Lektion 02

Ich war zu jung.
나는 너무 어렸어.

MP3 바로 듣기

🇩🇪 오늘의 학습 목표
✓ 과거시제

🇩🇪 오늘의 표현
✓ 나는 너무 어렸어.   Ich war zu jung.
✓ 우리는 운이 좋았어.   Wir hatten Glück.
✓ 그가 그것을 알고 있었어. Er wusste das.

🇩🇪 오늘의 단어

생각하다	denken	운동하다	Sport machen
노래하다	singen	함께	zusammen
너무	zu	휴가, 방학	Pl. Ferien
어린	jung	유감스럽게	leider
지하철	e. U-Bahn	그 당시에	damals

오늘의 회화

#1

Wo warst du gestern?
너 어제 어디 있었어?

Ich war zu Hause.
나 집에 있었어.

#2

Wie waren deine Ferien?
너의 방학은 어땠니?

Ich hatte viel Zeit und machte viel Sport.
시간이 많아서 운동을 많이 했어요.

#3

Wusstest du das nicht?
넌 몰랐니?

Nein, leider.
몰랐어, 유감스럽게도.

#4

Wann war das?
이거 언제였어?

Damals war ich 6. Ich war zu jung.
그 때 당시 나는 6살이었어. 난 너무 어렸어.

Lektion 02 Ich war zu jung. 29

오늘의 학습 내용

① 규칙 동사의 과거시제

규칙 동사는 '**동사 어간 + te**' 형태로 과거시제를 만듭니다. 주어에 따른 어미변화를 합니다.

현재시제	과거시제	현재시제	과거시제
hören	hörte	glauben	glaubte
machen	machte	arbeiten	arbeitete
lieben	liebte		

1) 과거 인칭 변화의 어미 형태

ich	-	wir	-(e)n
du	-st	ihr	-t
er / sie / es	-	sie / Sie	-(e)n

★TIPP 과거 인칭 변화는 ich(1인칭)과 er/sie/es(3인칭)의 형태가 같다는 특징이 있습니다.

2) 과거 인칭 변화 hören

ich	hörte	wir	hörten
du	hörtest	ihr	hörtet
er / sie / es	hörte	sie / Sie	hörten

3) 과거 인칭 변화 lieben

ich	liebte	wir	liebten
du	liebtest	ihr	liebtet
er / sie / es	liebte	sie / Sie	liebten

② 불규칙 동사의 과거시제

불규칙 동사는 과거시제를 따로 암기해야 합니다. 불규칙 동사도 주어에 따른 어미변화를 합니다.

현재시제	과거시제	현재시제	과거시제
sein	war	nehmen	nahm
haben	hatte	wissen	wusste
singen	sang		

1) 과거 인칭 변화 war (sein)

ich	war	wir	waren
du	warst	ihr	wart
er / sie / es	war	sie / Sie	waren

2) 과거 인칭 변화 hatte (haben)

ich	hatte	wir	hatten
du	hattest	ihr	hattet
er / sie / es	hatte	sie / Sie	hatten

3) 과거 인칭 변화 sang (singen)

ich	sang	wir	sangen
du	sangst	ihr	sangt
er / sie / es	sang	sie / Sie	sangen

③ 과거시제 문장 만들기

Ich war zu jung.	나는 너무 어렸다.
Wir hatten Hunger.	우리는 배가 고팠다.
Er sang laut.	그는 큰 소리로 노래 불렀다.
Sie nahm die U-Bahn.	그녀는 지하철을 탔다.
Du hörtest Musik.	너는 음악을 들었다.
Er machte viel Sport.	그는 운동을 많이 했다.
Sie wusste das.	그녀는 그것을 알고 있었다.
Sie sangen zusammen.	그들은 함께 노래 불렀다.

MEMO

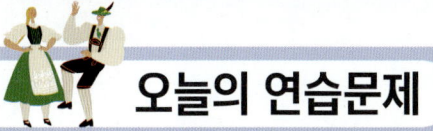

오늘의 연습문제

1 다음 표현을 과거시제로 바꿔 쓰세요.

❶ ich denke → _____

❷ du bist → _____

❸ ihr singt → _____

❹ wir nehmen → _____

❺ er weiß → _____

❻ sie hat → _____

❼ ich mache → _____

❽ wir haben → _____

❾ du arbeitest → _____

❿ ihr seid → _____

2 밑줄 친 부분이 옳지 않은 문장은?

ⓐ Er sangt laut.

ⓑ Ich hatte Hunger.

ⓒ Wir wussten das nicht.

ⓓ Ihr machtet die Hausaufgaben.

ⓔ Du nahmst die U-Bahn.

정답 p.220

Lektion 03

Ich habe das Lied gehört.
나는 그 노래를 들었어.

MP3 바로 듣기

🇩🇪 오늘의 학습 목표
- ✓ 현재완료시제 1

🇩🇪 오늘의 표현
- ✓ 나는 그 노래를 들었어.   Ich habe das Lied gehört.
- ✓ 그가 집을 청소했다.   Er hat die Wohnung aufgeräumt.
- ✓ 그녀는 그 차를 팔았다.   Sie hat das Auto verkauft.

🇩🇪 오늘의 단어

함께하다	mitmachen	얘기해주다	erzählen
귀 기울이다	zuhören	초대하다	einladen
집	e. Wohnung	이해하다	verstehen
~에게 속하다	gehören	광고	e. Anzeige

오늘의 회화

#1

 **Was hast du gestern gemacht?**
너 어제 뭐 했어?

 **Ich habe die Wohnung aufgeräumt.**
나는 집을 치웠어.

#2

 **Hat er das Auto verkauft?**
그는 그 차를 팔았어?

 **Ja, er hat mir erzählt.**
응, 그가 나한테 얘기해줬어.

#3

 **Was hast du gedacht?**
넌 무슨 생각을 한 거야?

 **Ich habe dich nicht verstanden.**
너를 이해하지 못했어.

#4

 **Hast du das Lied gehört?**
너 그 노래 들었어?

 **Ja, ich habe es gehört.**
응, 나는 그것을 들었어.

오늘의 학습 내용

❶ 현재완료시제 1

- 현재완료는 과거에 일어난 일이지만 현재에 영향을 미칠 때 사용합니다.

1) 현재완료를 만드는 법

현재완료를 만들 때는 '**조동사 haben + 과거분사**' 형태를 사용합니다. 이때, haben은 주어에 따라 어미변화를 하고, 과거분사는 맨 뒤로 보냅니다.

| 주어 | ➕ | haben | ➕ | 나머지 | ➕ | 과거분사. |

2) 과거분사 만드는 법

과거분사는 규칙동사와 불규칙동사에 따라 만드는 방법이 조금씩 다릅니다. 기본적으로 규칙동사의 과거분사를 만드는 방법은 아래와 같습니다.

> ge + 동사어간 + t

❷ 현재완료 문장 만들기

1) haben 동사의 현재 인칭 변화

ich	habe	wir	haben
du	hast	ihr	habt
er / sie / es	hat	sie / Sie	haben

> **이것만은 꼭!**
>
> 독일어에서는 과거를 표현할 때 '과거시제'보다는 '현재완료시제'를 주로 사용합니다. 과거시제는 보통 문어체에서 사용하고, 일상 생활에서는 거의 현재완료시제를 사용하니 꼭 알아두세요!

2) 규칙동사의 과거분사 형태

> ge + 동사어간 + t

동사원형	과거분사	동사원형	과거분사
hören	gehört	glauben	geglaubt
machen	gemacht	arbeiten	gearbeitet
lieben	geliebt		

Ich habe das Lied gehört. 나는 그 노래를 들었다.

Hast du die Hausaufgaben gemacht? 너는 그 숙제를 했니?

Sie hat ihn geliebt. 그녀는 그를 사랑했다.

Wir haben dir geglaubt. 우리는 너를 믿었다.

3) 분리동사의 과거분사 형태

> 분리전철 + ge + 동사어간 + t

동사원형	과거분사	동사원형	과거분사
einkaufen	eingekauft	aufräumen	aufgeräumt
mitmachen	mitgemacht	zuhören	zugehört

Sie haben hier eingekauft. 그들은 여기에서 장을 봤다.

Er hat auch mitgemacht. 그도 동참했다.

Sie hat die Wohnung aufgeräumt. 그녀는 집을 청소했다.

Sie haben ihm zugehört. 그들은 그에게 귀 기울였다.

4) 비분리동사의 과거분사 형태

> 비분리전철 + ge + 동사어간 + t

동사원형	과거분사	동사원형	과거분사
verkaufen	verkauft	erzählen	erzählt
gehören	gehört	besuchen	besucht

Er hat das Auto verkauft.   그는 그 차를 팔았다.

Das Haus hat mir gehört.   그 집은 나의 소유였다.

Ihr habt ihr erzählt.   너희가 그녀에게 얘기해줬다.

Ich habe sie besucht.   나는 그들을 방문했다.

5) 불규칙동사의 과거분사 형태

동사원형	과거분사	동사원형	과거분사
lesen	gelesen	einladen	eingeladen
denken	gedacht	verstehen	verstanden

Sie hat die Anzeige gelesen.   그녀는 그 광고를 읽었다.

Was hast du gedacht?   넌 무슨 생각을 한 거야?

Er hat mich eingeladen.   그는 나를 초대했다.

Ich habe dich nicht verstanden.   나는 너를 이해하지 못했어.

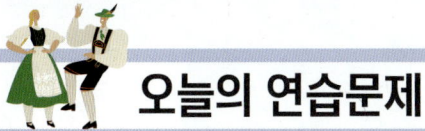

오늘의 연습문제

1 다음 단어들을 배열하여 현재완료시제로 쓰세요.

❶ ich / Musik / hören

➡ _____

❷ er / sie / lieben

➡ _____

❸ wir / dort / einkaufen

➡ _____

❹ die Frau / das Auto / verkaufen

➡ _____

2 다음 문장을 현재완료시제로 바꿔 쓰세요.

❶ Ich mache die Hausaufgaben.

➡ _____

❷ Er lädt mich ein.

➡ _____

❸ Wir lesen die Zeitung.

➡ _____

❹ Was denkt ihr?

➡ _____

정답 p.220

Er ist nach Bremen gefahren.
그는 브레멘으로 갔다.

MP3 바로 듣기

🇩🇪 오늘의 학습 목표
- ✓ 현재완료시제 2

🇩🇪 오늘의 표현
- ✓ 그는 브레멘으로 갔다.   Er ist nach Bremen gefahren.
- ✓ 나는 집에 있었다.   Ich bin zu Hause geblieben.
- ✓ 그녀는 일찍 일어났다.   Sie ist früh aufgestanden.

🇩🇪 오늘의 단어

기어오르다	klettern	머무르다	bleiben
깨어나다	aufwachen	일찍	früh
마주치다	begegnen	잠들다	einschlafen
발생하다	passieren	죽다	sterben
나무(들) 위로	auf Bäume	자라나다	wachsen
~시에	um + 시각	즉시	sofort
비행기 타고 가다	fliegen	오래	lange

오늘의 회화

#1

 **Wohin sind sie gefahren?**
그들은 어디로 갔어?

 **Sie sind nach Wien geflogen.**
그들은 빈에 (비행기 타고) 갔어.

#2

 **Wo ist er gewesen?**
그는 어디에 있었어?

 **Er ist zu Hause geblieben.**
그는 집에 머물렀어.

#3

 **Was ist passiert?**
무슨 일이 있었어?

Ist er wirklich gestorben?
그가 정말 돌아가셨어?

#4

 **Wann bist du aufgestanden?**
넌 언제 일어났어?

 **Ich bin spät aufgewacht, denn ich bin spät eingeschlafen.**
난 늦게 깼어. 왜냐면 늦게 잠들었거든.

① 현재완료시제 2

지난 시간에 조동사 haben으로 현재완료를 만드는 경우를 배웠는데, haben이 아닌 sein 동사를 조동사로 활용하여 현재완료를 만드는 경우도 있습니다.

1) sein 동사로 현재완료를 만드는 법

sein 동사로 현재완료를 만들 때는 '**조동사 sein + 과거분사**' 형태를 사용합니다. 이때, sein은 주어에 따라 어미변화를 하고, 과거분사는 맨 뒤로 보냅니다.

| 주어 | ⊕ | sein | ⊕ | 나머지 | ⊕ | 과거분사. |

2) sein 동사로 현재완료를 만드는 경우

① 장소 이동 동사
② 상태 변화 동사
③ 예외 동사

② sein으로 현재완료 문장 만들기

1) sein 동사의 현재 인칭 변화

ich	bin	wir	sind
du	bist	ihr	seid
er / sie / es	ist	sie / Sie	sind

2) 규칙동사의 과거분사 형태

> ge + 동사어간 + t

동사원형	과거분사	동사원형	과거분사
klettern	geklettert	begegnen	begegnet
aufwachen	aufgewacht	passieren	passiert

TIPP '-ieren'으로 끝나는 동사는 과거분사에 ge를 붙이지 않습니다!

Ich bin gern auf Bäume geklettert. 나는 나무들에 즐겨 올라탔다.

Er ist um 6 Uhr aufgewacht. 그는 6시에 깼다.

Sie ist ihm wieder begegnet. 그녀는 그에게 다시 마주쳤다.

Was ist passiert? 무슨 일이 일어났던 거야?

3) 불규칙동사의 과거분사 형태

① 장소 이동 동사

동사원형	과거분사	동사원형	과거분사
kommen	gekommen	fahren	gefahren
gehen	gegangen	fliegen	geflogen

Ich bin gestern früh gekommen. 나는 어제 일찍 왔다.

Wann bist du nach Hause gegangen? 넌 언제 집으로 갔니?

Er ist nach Bremen gefahren. 그는 브레멘으로 (차를 타고) 갔다.

Wir sind nach Wien geflogen. 우리는 빈으로 (비행기를 타고) 갔다.

② 상태 변화 동사

동사원형	과거분사	동사원형	과거분사
aufstehen	aufgestanden	sterben	gestorben
einschlafen	eingeschlafen	wachsen	gewachsen

Wann bist du aufgestanden? 넌 언제 일어났어?

Wir sind sofort eingeschlafen. 우리는 바로 잠들었다.

Mein Großvater ist gestern gestorben. 나의 할아버지가 어제 돌아가셨다.

Meine Harre sind so schnell gewachsen. 나의 머리카락은 너무 빨리 자라났다.

③ 예외 동사

동사원형	과거분사	동사원형	과거분사
sein	gewesen	bleiben	geblieben
werden	geworden		

Seid ihr gestern zu Hause gewesen? 너희들 어제 집에 있었니?

Sie ist Sängerin geworden. 그녀는 가수가 되었다.

Er ist hier lange geblieben. 그는 여기에 오래 머물렀다.

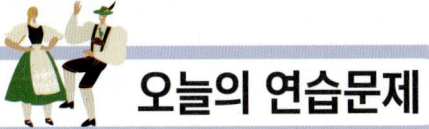

오늘의 연습문제

1 다음 문장을 현재완료시제로 바꿔 쓰세요.

❶ Ich stehe heute früher auf.

➡ _____

❷ Er klettert auf die Bäume.

➡ _____

❸ Wann fährst du nach Berlin?

➡ _____

❹ Wir bleiben zu Hause.

➡ _____

2 다음 중 문장의 쓰임이 옳지 <u>않은</u> 것은?

ⓐ Ich bin nach Busan geflogen.

ⓑ Er ist nach Hause gegangen.

ⓒ Wir haben sofort eingeschlafen.

ⓓ Du hast mir nicht geglaubt.

ⓔ Sie ist gestern gestorben.

정답 p.220

Lektion 05

Wiederholung
1~4강 복습

MP3 바로 듣기

🇩🇪 오늘의 학습 목표
- ✓ 명령문 복습하기
- ✓ (단순)과거시제 복습하기
- ✓ 현재완료시제 복습하기

🇩🇪 오늘의 표현
- ✓ 나한테 와서 나 좀 도와줘!
  Komm zu mir und hilf mir!
- ✓ 무슨 일이 일어났어?
  Was ist denn passiert?
- ✓ 옛날에 한 왕이 살고 있었습니다.
  Es war einmal ein König.
- ✓ 나 못 들었어.
  Ich habe nicht gehört.

# 오늘의 회화

Laura, komm zu mir bitte und hilf mir!
라우라, 나한테 와서 나 좀 도와줘!

Was ist denn passiert? Warum?
무슨 일이야? 왜?

Lies mal den Satz vor.
이 문장 좀 한 번 읽어줘.

Okay. „Es war einmal ein König und…"
알았어. "옛날에 한 왕이 살고 있었습니다…"

Warte bitte, ich habe nicht gehört.
잠깐만, 못 들었어.

vorlesen 낭독하다, 읽어주다 | **einmal** (언젠가) 한 번 | **es war einmal** 옛날 옛적에 | **r. König** 왕

오늘의 학습 내용

❶ 명령문

명령문은 상대방에게 어떤 행동을 지시하거나 요청할 때 사용합니다. 명령문에서 명령을 받는 대상은 눈 앞에 있는 상대방 (2인칭)입니다.

Sie	동사원형 + Sie!	➡	Kommen Sie!
ihr	동사어간 + t!		Kommt!
du	동사어간!		Komm!

1) du에 대한 명령문에서 e → i / ie로 바뀌는 불규칙동사 주의!

명령문을 만들 때 어간이 변화한 상태에서 st 또는 t를 삭제합니다.

e → i	du	sprichst / gibst / nimmst / isst / triffst
e → ie	du	siehst / empfiehlst / liest

★TIPP 현재 인칭에서 어간이 a → ä로 바뀌는 불규칙동사는 명령문에 적용이 되지 않습니다.

2) du에 대한 명령문에서 어간이 -d, -t, -m, -n 등으로 끝나는 동사는 e 붙이기!

명령문을 만들 때 어간에 e가 붙은 상태에서 st를 삭제합니다.

+ e	du	findest / wartest / atmest / zeichnest

3) 불규칙 명령문 : 따로 암기!

	Sie	ihr	du
haben	Haben Sie!	Habt!	Hab!
werden	Werden Sie!	Werdet!	Werde!
sein	Seien Sie!	Seid!	Sei!

② 과거시제

1) 과거 인칭 변화의 어미 형태

ich	-	wir	-(e)n
du	-st	ihr	-t
er / sie / es	-	sie / Sie	-(e)n

2) 규칙동사

규칙 동사는 '**동사 어간 + te**' 형태로 과거시제를 만듭니다. 주어에 따른 어미변화를 합니다.

동사원형	과거시제	동사원형	과거시제
hören	hörte	glauben	glaubte
machen	machte	arbeiten	arbeitete
lieben	liebte		

3) 불규칙동사 : 따로 암기!

불규칙동사도 규칙동사와 마찬가지로 주어에 따른 어미변화를 합니다.

동사원형	과거시제	동사원형	과거시제
sein	war	nehmen	nahm
haben	hatte	wissen	wusste
singen	sang		

③ 현재완료시제 1 : 조동사 haben + 과거분사

- haben은 주어에 따라 어미변화하고, 과거분사는 맨 뒤에 위치합니다.

| 주어 | ➕ | haben | ➕ | 나머지 | ➕ | 과거분사. |

1) 규칙동사의 과거분사 형태 : ge + 동사어간 + t

① 분리동사 : 분리전철 + ge + 동사어간 + t

동사원형	과거분사	동사원형	과거분사
einkaufen	eingekauft	aufräumen	aufgeräumt
mitmachen	mitgemacht	zuhören	zugehört

② 비분리동사 : 비분리전철 + 동사어간 + t

동사원형	과거분사	동사원형	과거분사
verkaufen	verkauft	erzählen	erzählt
gehören	gehört	besuchen	besucht

2) 불규칙동사의 과거분사 형태

동사원형	과거분사	동사원형	과거분사
lesen	gelesen	einladen	eingeladen
denken	gedacht	verstehen	verstanden

④ 현재완료시제 2 : 조동사 sein + 과거분사

- sein은 주어에 따라 어미변화하고, 과거분사는 맨 뒤에 위치합니다.

주어 ➕ sein ➕ 나머지 ➕ 과거분사.

1) 규칙동사의 과거분사 형태 : ge + 동사어간 + t

동사원형	과거분사	동사원형	과거분사
klettern	geklettert	begegnen	begegnet
aufwachen	aufgewacht	passieren	passiert

★TIPP '-ieren'으로 끝나는 동사는 과거분사에 ge를 붙이지 않습니다!

2) 불규칙동사의 과거분사 형태

① 장소 이동 동사

동사원형	과거분사	동사원형	과거분사
kommen	gekommen	fahren	gefahren
gehen	gegangen	fliegen	geflogen

② 상태 변화 동사

동사원형	과거분사	동사원형	과거분사
aufstehen	aufgestanden	sterben	gestorben
einschlafen	eingeschlafen	wachsen	gewachsen

③ 예외 동사

동사원형	과거분사	동사원형	과거분사
sein	gewesen	bleiben	geblieben
werden	geworden		

복습 퀴즈! 제시된 빈칸을 채워 보세요.

1. _____ bitte lauter! — 더 크게 말해줘!
2. _____ Sie bitte pünktlich! — 시간을 지켜주세요!
3. Ich _____ damals jung. — 나는 그 당시에 어렸다.
4. Er _____ Musik _____. — 그는 음악을 들었다.
5. Sie _____ zu Hause _____. — 그녀는 집에 머물렀다.

[정답] 1. Sprich | 2. Seien | 3. war | 4. hat, gehört | 5. ist, geblieben

실전 Test

1 우리말 해석을 참고해서 괄호 안의 단어를 명령형으로 바꿔 문장을 완성해보세요.

① (schlafen) früh!　　　　　　　　너희들 일찍 자라!

　➡ _____

② (finden) deinen Weg!　　　　　　너의 길을 찾아라!

　➡ _____

③ (sein) nett!　　　　　　　　　　친절하게 행동하세요!

　➡ _____

④ (lesen) das Buch!　　　　　　　 책을 읽어라!

　➡ _____

⑤ (gehen) nach Hause!　　　　　　집에 가!

　➡ _____

2 괄호 안의 동사를 과거형으로 바꿔 빈칸을 채워보세요.

① Ich _____ im Park. (sein)

　나는 공원에 있었다.

② Sie _____ das Buch. (haben)

　그녀는 그 책을 가지고 있었다.

③ Er _____ das nicht. (wissen)

　그는 그것을 몰랐다.

3 괄호 안의 동사를 현재완료형으로 바꿔 빈칸을 채워보세요.

❶ Ich _____ mein Zimmer _____. (aufräumen)

나는 내 방을 청소했다.

❷ Was _____? (passieren)

무슨 일이야?

❸ Er _____ heute früh _____. (aufstehen)

그는 오늘 일찍 일어났다.

❹ Rotkäppchen _____ ihre Oma _____. (besuchen)

빨간 모자는 자신의 할머니를 방문했다.

❺ Sie _____ nach Wien _____. (fahren)

그녀는 빈으로 갔다.

4 다음 한국어 문장을 독일어로 바꿔보세요.

❶ 우리는 그것을 알고 있었다. (과거시제)

➡ _____

❷ 너는 나를 이해하지 못했어. (현재완료시제)

➡ _____

❸ 너희는 언제 집으로 갔니? (현재완료시제)

➡ _____

정답 p.220

Lektion 06

Ich lerne seit einem Monat Deutsch.
전 한 달 전부터 독일어를 배우고 있어요.

MP3 바로 듣기

🇩🇪 **오늘의 학습 목표**
- ✓ 3격 지배전치사

🇩🇪 **오늘의 표현**
- ✓ 저는 한 달 전부터 독일어를 배우고 있어요.   Ich lerne seit einem Monat Deutsch.
- ✓ 그는 버스를 타고 간다.   Er fährt mit dem Bus.
- ✓ 그녀는 병원에 간다.   Sie geht zum Arzt.

🇩🇪 **오늘의 단어**

기차역	r. Bahnhof	기차	r. Zug
회사	e. Firma	우유	e. Milch
해변	r. Strand	월, 달	r. Monat
선물	s. Geschenk	우체국	e. Post
말하기	s. Sprechen	식사	s. Essen

오늘의 회화

#1

Wohin gehst du?
너 어디 가?

Ich gehe zur Schule.
나 학교 가.

#2

Wann habt ihr Zeit?
너희는 언제 시간 돼?

Nach dem Essen.
밥 먹은 후에.

#3

Was ist besser?
뭐가 더 나을까?

Mit dem Bus oder mit der U-Bahn?
버스 타고? 아님 지하철?

#4

Seit wann lernst du Deutsch?
너 언제부터 독일어 배워?

Seit zwei Monaten lerne ich Deutsch.
두 달 전부터 배우고 있어.

Lektion 06 Ich lerne seit einem Monat Deutsch.

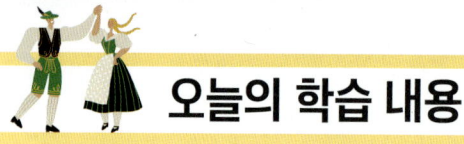

오늘의 학습 내용

① 전치사란? 독일어 전치사의 특징

- 전치사는 명사, 대명사, 또는 부사 앞에 위치하면서 '~앞에', '~로', '~때문에', '~에서', '~부터', '~까지' 등의 특정한 의미를 더해주는 말입니다.
- 독일어의 전치사는 격지배를 합니다. 다시 말해, 전치사 다음 나올 명사(관사), 대명사의 격이 전치사에 의해 결정됩니다.

② 3격 지배전치사

독일어에서 3격 지배전치사들은 항상 뒤에 3격 형태의 (대)명사가 와야 합니다.

그 기차역으로	zu dem Bahnhof
한 회사에서	bei einer Firma
나의 아이와 함께	mit meinem Kind
그에게로	zu ihm
오른쪽으로	nach rechts

3격 지배전치사	의미
ab	~부터
von	~의, ~부터
bei	~에서, ~ 근처에, ~할 때
aus	~ 밖으로, ~로부터, ~로 만들어진
mit	~와 함께, ~을 타고, ~을 곁들여
seit	~(전)부터 지금도
gegenüber	~ 건너편에
zu	~(사람/일반장소)로
nach	~(도시/중성나라)로, ~한 후에
außer	~를 제외하고

▶TIPP 암기 팁 : ab! Von Bamsegezugenau! (압! 폰 밤세개주게나우!)

1) ab : ~부터

그 해변에서부터   ab dem Strand

2) von : ~의, ~부터

한 여자(로부터)의 선물   ein Geschenk von einer Frau

3) bei : ~에서, ~ 근처에, ~할 때

한 회사에서   bei einer Firma

프랑크푸르트 근처에   bei Frankfurt

말할 때   bei dem Sprechen
                                → beim Sprechen

4) aus : ~ 밖으로, ~로부터(출신), ~로 만들어진

냉장고 밖으로   aus dem Kühlschrank

독일로부터 온   aus Deutschland

5) mit : ~와 함께, ~을 타고, ~을 곁들여

나의 부모님과 함께   mit meinen Eltern

그 기차를 타고   mit dem Zug

우유를 곁들여   mit Milch

6) seit : ~(전)부터 지금도

한 달 전부터   seit einem Monat

2년 전부터   seit zwei Jahren

7) gegenüber : ~ 건너편에

그 우체국 건너편에   gegenüber der Post
                                → der Post gegenüber

8) zu : ~(사람/일반장소)로

의사선생님에게로   zu dem Arzt → zum Arzt

학교로   zu der Schule → zur Schule

9) nach : ~(도시/중성나라)로, ~한 후에

독일로   nach Deutschland

식사 후에   nach dem Essen

10) außer : ~를 제외하고

너를 제외하고   außer dir

오늘의 연습문제

1 빈칸에 들어갈 알맞은 전치사를 쓰세요.

❶ Ich fahre _____ München.

❷ Wir lernen _____ zwei Monaten Deutsch.

❸ Sie trinkt Kaffee _____ Milch.

2 빈칸에 들어갈 관사류의 어미를 쓰세요.

❶ Die Bank liegt d_____ Post gegenüber.

❷ Er arbeitet bei ein_____ Firma.

❸ Das ist ein Geschenk von d_____ Mann.

❹ Sie kommt aus d_____ Schweiz.

3 다음 전치사구를 독일어로 쓰세요.

❶ 너의 부모님과 함께 ➡ _____

❷ 학교로 ➡ _____

❸ 서울 근처에 ➡ _____

❹ 나를 제외하고 ➡ _____

❺ 식사한 후에 ➡ _____

정답 p.220

Lektion 07

Ich bin gegen deine Meinung.
난 너의 의견에 반대야.

MP3 바로 듣기

🇩🇪 오늘의 학습 목표
- ✓ 4격 지배전치사

🇩🇪 오늘의 표현
- ✓ 나는 너의 의견에 반대야.   Ich bin gegen deine Meinung.
- ✓ 그들은 책상을 둘러싸고 앉아있다.   Sie sitzen um den Tisch.
- ✓ 그는 그의 가족을 위해 일한다.   Er arbeitet für seine Familie.

🇩🇪 오늘의 단어

다음의	nächst	가족	e. Familie
주	e. Woche	공원	r. Park
의견	e. Meinung	길	e. Straße
집	s. Haus	조깅하다	joggen

오늘의 회화

#1

Wo sitzen sie?
그들은 어디에 앉아있어?

Sie sitzen um den Tisch.
그들은 책상을 둘러싸고 앉아있어.

#2

Tschüss!
잘 가!

Ja, bis nächste Woche!
응, 다음 주에 봐!

#3

Findest du das auch so?
너도 그렇게 생각하니?

Nein, ich bin gegen deine Meinung.
아니, 나는 네 의견에 반대야.

#4

Was machst du jetzt?
너 지금 뭐 하니?

Ich jogge durch den Park.
나 공원을 지나면서 조깅하고 있어.

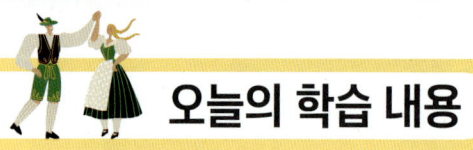

오늘의 학습 내용

① 전치사란? 독일어 전치사의 특징

- 전치사는 명사, 대명사, 또는 부사 앞에 위치하면서 '~앞에', '~로', '~때문에', '~에서', '~부터', '~까지' 등의 특정한 의미를 더해주는 말입니다.
- 독일어의 전치사는 격지배를 합니다. 다시 말해, 전치사 다음 나올 명사(관사), 대명사의 격이 전치사에 의해 결정됩니다.

② 4격 지배전치사

독일어에서 4격 지배전치사들은 항상 뒤에 4격 형태의 (대)명사가 와야 합니다.

그 문을 통과해서	durch die Tür
너를 위해	für dich
그 벽을 마주 향해서	gegen die Wand
나 없이	ohne mich
모퉁이를 돌아서	um die Ecke

4격 지배전치사	의미
bis	~까지
entlang	~을 따라
gegen	~에 대항하여, ~에 반대하는
ohne	~없이
für	~을 위해
um	~시에, ~을 둘러싸고
durch	~을 통과하여

★TIPP 암기 팁 : begofud(a) (배고푸다)

1) bis : ~까지

다음 주까지　　　　　　　　　　　　bis nächste Woche

2) entlang : ~을 따라

그 길을 따라　　　　　　　　　　　　entlang die Straße
　　　　　　　　　　　　　　　　　→ die Straße entlang

TIPP　entlang은 전치사이지만 보통 명사 뒤에 옵니다.

3) gegen : ~에 대항하여, ~에 반대하는

너의 의견에 반대하는　　　　　　　　gegen deine Meinung

그 집을 향해　　　　　　　　　　　　gegen das Haus

4) ohne : ~없이

내 친구들 없이　　　　　　　　　　　ohne meine Freunde

너 없이　　　　　　　　　　　　　　ohne dich

5) für : ~을 위해

그의 가족을 위해　　　　　　　　　　für seine Familie

내 아들을 위해　　　　　　　　　　　für meinen Sohn

6) um : ~시에, ~을 둘러싸고

그 책상을 둘러싸고　　　　　　　　um den Tisch

2시 정각에　　　　　　　　　　　　um 2 Uhr

7) durch : ~을 통과하여

공원을 통과하여　　　　　　　　　durch den Park

MEMO

오늘의 연습문제

1 빈칸에 들어갈 알맞은 전치사를 쓰세요.

❶ Er kommt _____ 2 Uhr.

❷ Das Restaurant ist _____ die Ecke.

❸ Das Geschenk ist _____ meine Mutter.

2 빈칸에 들어갈 관사류의 어미를 쓰세요.

❶ Wir laufen durch d_____ Park.

❷ Sie kommt ohne ihr_____ Mann.

❸ Sie sitzen um d_____ Tisch.

❹ Ich bin gegen dein_____ Meinung.

3 다음 전치사구를 독일어로 쓰세요.

❶ 너를 위해 ➡ _____

❷ 다음 주까지 ➡ _____

❸ 그 길을 따라 ➡ _____

❹ 나의 남자친구를 위해 ➡ _____

❺ 그의 책 없이 ➡ _____

정답 p.221

Lektion 07 Ich bin gegen deine Meinung. 65

Lektion 08

Gehen wir ins Kino?
우리 영화관 갈래?

MP3 바로 듣기

🇩🇪 오늘의 학습 목표
✓ 3&4격 지배전치사

🇩🇪 오늘의 표현
✓ 우리 영화관 갈래?   Gehen wir ins Kino?
✓ 그 그림은 벽에 걸려있다.   Das Bild hängt an der Wand.
✓ 그는 자주 산을 오른다.   Er steigt oft auf den Berg.

🇩🇪 오늘의 단어

고양이	e. Katze	앉히다	setzen
바다	s. Meer	앉아있다	sitzen
컴퓨터	r. Computer	침대	s. Bett
산	r. Berg	전등	e. Lampe
오르다	steigen	걸다 / 걸려있다	hängen
놓다	legen	세우다	stellen
놓여있다	liegen	세워져있다	stehen

오늘의 회화

#1

Wohin soll ich das Regal stellen?
이 책장은 어디로 세울까?

Stell es bitte neben den Schrank!
이 옷장 옆으로 세워 줘!

#2

Wo sitzt du?
너 어디에 앉아 있어?

Ich sitze vor dem Lehrer.
나 그 선생님 앞에 앉아 있어.

#3

Was macht sie?
그녀는 뭐하고 있어?

Sie hängt das Bild an die Wand.
그녀는 그 그림을 벽가로 걸고 있어.

#4

Schläfst du jetzt?
너 지금 자?

Nein, ich liege einfach im Bett.
아니, 침대에 그냥 누워 있어.

Lektion 08 Gehen wir ins Kino? 67

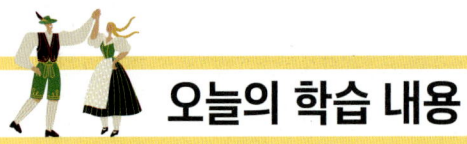

오늘의 학습 내용

① 3&4격 지배전치사

3&4격 지배전치사는 3격과 4격을 모두 지배하는 전치사입니다. 이 전치사들은 상황에 따라 3격 또는 4격을 형태의 (대)명사가 뒤에 옵니다.

정지 3격	나는 학교(안)에 있다.	➡	Ich bin in der Schule.
이동 4격	나는 학교(안)으로 간다.	➡	Ich gehe in die Schule.

② 3&4격 지배전치사의 종류

3&4격 지배전치사	의미
hinter	~ 뒤에/뒤로
an	~ 가에/가로 (접촉)
neben	~ 옆에/옆으로 (비접촉)
auf	~ 위에/위로 (접촉)
in	~ 안에/안으로
zwischen	~ 사이에/사이로
unter	~ 아래에/아래로
vor	~ 앞에/앞으로
über	~ 위에/위로 (비접촉)

TIPP 암기 팁 : Hanai & Zuvü (한 아이와 주부)

1) hinter : ~ 뒤에/뒤로

고양이는 그 문 뒤로 간다.

Die Katze geht hinter die Tür.

고양이는 그 문 뒤에 있다.

Die Katze ist hinter der Tür.

2) an : ~ 가에/가로 (접촉)

우리는 바닷가로 간다.

Wir fahren an das Meer. → ans Meer

우리는 바닷가에 있다.

Wir sind an dem Meer. → am Meer

3) neben : ~ 옆에/옆으로 (비접촉)

나는 핸드폰을 그 컴퓨터 옆으로 놓는다.

Ich lege das Handy neben den Computer.

그 핸드폰은 컴퓨터 옆에 놓여 있다.

Das Handy liegt neben dem Computer.

4) auf : ~ 위에/위로 (접촉)

그는 산 위로 오른다.

Er steigt auf den Berg.

그는 산 위에 있다.

Er ist auf dem Berg.

5) in : ~ 안에/안으로

그녀는 영화관(안)으로 간다.

Sie geht in das Kino. → ins Kino

그녀는 영화관(안)에 있다.

Sie ist in dem Kino. → im Kino

6) zwischen : ~ 사이에/사이로

나는 그 아이를 그 여자들 사이로 앉힌다.
Ich setze das Kind zwischen die Frauen.

그 아이는 그 여자들 사이에 앉아 있다.
Das Kind sitzt zwischen den Frauen.

7) unter : ~ 아래에/아래로

그 강아지는 소파 밑으로 간다.
Der Hund geht unter das Sofa.

그 강아지는 소파 밑에 있다.
Der Hunt ist unter dem Sofa.

8) vor : ~ 앞에/앞으로

나는 그 옷장을 침대 앞으로 세운다.
Ich stelle den Schrank vor das Bett.

그 옷장은 침대 앞에 세워져 있다.
Der Schrank steht vor dem Bett.

9) über : ~ 위에/위로 (비접촉)

그는 그 전등을 테이블 위로 건다.
Er hängt die Lampe über den Tisch.

그 전등은 테이블 위에 걸려 있다.
Die Lampe hängt über dem Tisch.

③ 알아두면 좋은 점

	an / in / vor + 시간적 개념 올 때는 3격 지배 (정지)
an (비교적 짧은 시간)에	**am** + 요일, 하루의 때, 날짜, Wochenende (남성/중성명사)
	am Montag (월요일에)
	am Morgen/Vormittag/Tag/Abend (아침에/오전에/낮에/저녁에)
	am Wochenende (주말에)
in (비교적 긴 시간)에	**im** + 월, 계절, Jahr + 년도 (남성/중성명사)
	in der Nacht (밤에)
	in der Woche (주중에)
	im Januar (1월에)
	im Frühling (봄에)
	im Jahr 2025 (2025년도에)
	★TIPP 밤(e. Nacht)은 하루의 때에 해당하지만 예외적으로 전치사 'in'과 함께 사용됩니다.
vor ~ 전에	vor einem Jahr (1년 전에)
	vor zwei Jahren (2년 전에)
	vor einer Stunde (1시간 전에)

오늘의 연습 문제

1 빈칸에 들어갈 관사류의 어미를 쓰세요.

① Die Katze ist hinter d_____ Tür.

② Die Lampe hängt über d_____ Tisch.

③ Der Hund geht unter d_____ Sofa.

④ Wir fahren an d_____ Meer.

2 다음 전치사구를 독일어로 쓰세요.

① 학교 (안)에 ➡ _____

② 그 문 앞으로 ➡ _____

③ 그 아이들 사이에 ➡ _____

④ 영화관으로 ➡ _____

⑤ 바다에 ➡ _____

3 빈칸에 알맞은 전치사를 <보기>에서 골라 적어보세요.

aus, mit, für, ohne, von, durch

① Ich gehe _____ meiner Mutter ins Kino.

② Das Geschenk ist _____ dich.

③ Er fährt _____ die Stadt.

④ Ich komme _____ Deutschland.

❺ Sie spricht _____ ihrem Bruder.

❻ Wir machen das _____ Probleme.

독일 여행 Tipp!

현실 속 디즈니 성, 노이슈반슈타인 성

독일 바이에른 주 퓌센 근처 알프스 산자락에 위치한 노이슈반슈타인Neuschwanstein 성은 세계에서 가장 유명한 동화 속 성이에요. 디즈니의 신데렐라 성 모델로도 잘 알려져 있죠. 루트비히 2세가 지은 이 성은 외관부터 내부까지 중세 기사도와 낭만주의를 반영한 화려한 디자인이 특징이에요.

성 내부의 거울의 방, 왕좌의 방은 눈부시게 아름답고, 마리엔브뤼케 다리Marienbrücke에서 바라보는 전경은 마치 엽서 속 한 장면 같답니다. 사계절 내내 다른 매력을 뽐내는 곳으로, 겨울 설경과 가을 단풍 시즌에 특히 인기가 많아요.

정답 p.221

Lektion 09

Ich mache das während des Semesters.
나는 그걸 학기 중에 해.

MP3 바로 듣기

🇩🇪 오늘의 학습 목표
- ✓ 2격 지배전치사

🇩🇪 오늘의 표현
- ✓ 나는 그걸 학기 중에 해.   Ich mache das während des Semesters.
- ✓ 그는 차 한 대 대신 자전거 한 대를 산다.   Er kauft statt eines Autos ein Fahrrad.
- ✓ 그는 그 질병 때문에 병원에 누워 있다.   Er liegt wegen der Krankheit im Krankenhaus.

🇩🇪 오늘의 단어

학기	s. Semester	바람	r. Wind
마을	s. Dorf	파업	r. Streik
상담/진료시간	e. Sprechstunde	날씨	s. Wetter
비	r. Regen	방학	Pl. Ferien
도시	e. Stadt	질병	e. Krankheit
근무시간	e. Arbeitszeit	병원	s. Krankenhaus

오늘의 회화

#1

Was kaufst du?
너는 무엇을 사?

Ich kaufe statt eines Autos ein Fahrrad.
나는 하나의 자동차 대신에 자전거를 사.

#2

Warum kommt er nicht?
그는 왜 안 와?

Wegen des Wetters.
날씨 때문에.

#3

Wann soll ich anrufen?
언제 전화 할까?

Vielleicht außerhalb der Arbeitszeit?
아마도 근무시간 이후에?

#4

Wann machst du das?
너는 그것을 언제 해?

Während des Semesters.
학기 중에.

오늘의 학습 내용

1. 2격 지배전치사

독일어에서 2격 지배전치사들은 항상 뒤에 2격 형태의 (대)명사가 와야 합니다.

폭풍우에도 불구하고	trotz des Sturms
휴가 동안	während des Urlaubs
사고 때문에	wegen des Unfalls
도시 밖에	außerhalb der Stadt
회의 대신에	statt des Meetings

2격 지배전치사	의미
(an)statt	~ 대신에
außerhalb	~ 이외에, ~ 외부에
trotz	~에도 불구하고
innerhalb	~ 이내에, ~ 내부에
mithilfe	~의 도움으로, ~에 의해
aufgrund	~의 이유로
wegen	~ 때문에
während	~ 동안에

TIPP 암기 팁 : satima / ww (자티마 / 베베)

이것만은 꼭!

☆ 남/중/2 (e)s 기억하기!
- während des Semesters
- (an)statt eines Autos
- mithilfe des Windes

1) (an)statt : ~ 대신에

한 자동차 대신에   (an)statt eines Autos

2) außerhalb : ~ 이외에, ~ 외부에

그 마을 밖에   außerhalb des Dorfes

진료시간 외에   außerhalb der Sprechstude

3) trotz : ~에도 불구하고

비(가 옴)에도 불구하고   trotz des Regens

4) innerhalb : ~ 이내에, ~ 내부에

이 도시 내에서   innerhalb der Stadt

근무시간 내에   innerhalb der Arbeitszeit

5) mithilfe : ~의 도움으로, ~에 의해

바람에 의해   mithilfe des Windes

6) aufgrund : ~의 이유로

파업 때문에   aufgrund des Streiks

그 문제 때문에   aufgrund des Problems

7) wegen : ~ 때문에

날씨 때문에   wegen des Wetters

8) während : ~ 동안에

방학 동안에   während der Ferien

MEMO

오늘의 연습문제

1 빈칸에 들어갈 관사류의 어미를 쓰세요.

❶ aufgrund d_____ Problems

❷ wegen d_____ Wetters

❸ innerhalb d_____ Stadt

❹ trotz d_____ Regens

2 다음 전치사구를 독일어로 쓰세요.

❶ 학기 중에 ➡ _____

❷ 근무시간 외에 ➡ _____

❸ 한 자동차 대신에 ➡ _____

❹ 한 사고 때문에 ➡ _____

❺ 휴가 동안 ➡ _____

정답 p.221

Ich werde dich vermissen.
네가 그리울 거야.

MP3 바로 듣기

🇩🇪 오늘의 학습 목표
- ✓ 미래시제

🇩🇪 오늘의 표현
- ✓ 나는 네가 그리울 거야.　　　Ich werde dich vermissen.
- ✓ 그는 내일 돌아올 것이다.　　　Er wird morgen zurückkommen.
- ✓ 그녀는 주말에 일할 것이다.　　Sie wird am Wochenende arbeiten.

🇩🇪 오늘의 단어

도착하다	ankommen	돌아오다	zurückkommen
말하다	sagen	머무르다	bleiben
사무실	s. Büro	그리워하다	vermissen
분명히	sicher / bestimmt	판매원	r. Verkäufer
아마도	wohl / vielleicht	청소하다	aufräumen

오늘의 회화

#1

Wann wirst du morgen aufstehen?
너 내일 언제 일어날 거야?

Ich werde um 6 Uhr aufstehen.
나는 6시에 일어날 거야.

#2

Wo wird er studieren?
그는 어디에서 대학을 다닐 거야?

Er wird in Köln studieren.
그는 쾰른에서 공부할 거야.

#3

Wo ist sie?
그녀는 어디에 있어?

Sie wird sicher zu Hause sein.
그녀는 분명 집에 있을 거야.

#4

Was werdet ihr machen?
너희는 무엇을 하게 될까?

Wir werden das später sagen.
저희가 나중에 말씀드릴게요.

오늘의 학습 내용

1 미래시제

미래시제는 어떤 일이 미래에 일어날 것임을 나타내는 시제입니다. 독일어에서는 미래시제로 사용되는 경우가 2가지가 있습니다.

1) 현재시제로 표현

독일어에서는 주로 현재시제를 사용하여 미래를 표현합니다. 시간부사와 함께 사용이 되어 시점이 명확한 경우에는 보통 현재시제를 통해서 미래를 나타냅니다.

> Ich komme morgen.
> 나는 내일 올 것이다.

2) werden + 동사원형

werden 동사를 사용하여 미래시제를 만들 수 있습니다. 미래시제는 앞으로 일어날 일에 대한 예측이나 예정된 계획 및 추측을 표현할 때 사용됩니다.

> Ich werde morgen kommen.
> 나는 내일 올 것이다.

2 werden + 동사원형

1) werden 동사의 현재 인칭 변화

ich	werde	wir	werden
du	wirst	ihr	werdet
er / sie / es	wird	sie / Sie	werden

2) 문장 만들기

Er wird am Abend ankommen.	그가 저녁에 도착할 것이다.
Sie wird mir sagen.	그녀가 나에게 말할 것이다.
Du wirst das auch wissen.	너도 그걸 알게 될 거야.
Wir werden die Prüfung machen.	우리는 그 시험을 칠 거야.
Ihr werdet das sehen.	너희들은 그것을 보게 될 거야.
Sie werden morgen zurückkommen.	그들은 내일 돌아올 것이다.
Er wird im Büro sein.	그는 사무실에 있을 것이다.
Sie wird zu Hause bleiben.	그녀는 집에 머무를 것이다.

3 미래시제의 용법

1) 단순 미래를 표현

> Morgen werde ich kommen.
> 나는 내일 올 것이다.

위 문장은 단순히 내가 내일 올 것이라고 미래의 일을 예고하는 표현입니다. 이처럼 특정 사건이 미래에 일어날 것임을 나타낼 때 미래시제를 사용합니다.

2) 추측

> Er wird sicher wissen.
> 그는 확실히 알 것이다.

위 문장은 '그라면 확실히 알 것'이라는 추측을 나타냅니다. 이처럼 sicher(확실히), wohl(어쩌면), vielleicht(아마도), bestimmt(분명히)와 같은 부사와 미래시제 형태를 함께 사용하여 현재의 추측을 나타낼 수 있습니다.

3) 문장 만들기

Sie wird ihre Wohnung wohl aufräumen.

그녀가 그녀의 집을 아마도 청소할 것이다.

Er wird vielleicht arbeiten.

그는 아마도 일할 것이다.

Ich werde dich sicher vermissen.

나는 너를 분명 그리워할 것이다.

Der Verkäufer wird dir bestimmt helfen.

그 판매원이 너를 분명 도울 것이다.

MEMO

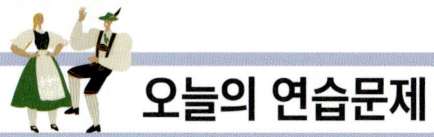

오늘의 연습문제

1 werden 동사의 어미변화표를 완성하세요.

ich	werde	wir	werden
du	❶	ihr	❸
er / sie / es	❷	sie / Sie	werden

2 다음 문장을 미래시제로 바꿔 쓰세요.

❶ Ich komme heute.

➡ _____

❷ Er bleibt zu Hause.

➡ _____

❸ Sie macht das später.

➡ _____

❹ Was macht ihr?

➡ _____

❺ Wir sehen das.

➡ _____

Lektion 11

Wiederholung
6~10강 복습

MP3 바로 듣기

🇩🇪 오늘의 학습 목표

- ✓ 3격 지배전치사 복습하기
- ✓ 4격 지배전치사 복습하기
- ✓ 3&4격 지배전치사 복습하기
- ✓ 2격 지배전치사 복습하기
- ✓ 미래시제 복습하기

🇩🇪 오늘의 표현

- ✓ 우리 휴가 동안에 바닷가로 갈까?
  Fahren wir während der Ferien ans Meer?
- ✓ 우리는 작년에 바닷가에 있었잖아.
  Wir waren doch letztes Jahr am Meer.
- ✓ 나는 너랑 뮌헨으로 가고 싶어.
  Ich möchte mit dir nach München fahren.
- ✓ 찬성이야.
  Ich bin dafür.

오늘의 회화

Laura, fahren wir während der Ferien ans Meer?
라우라, 우리 휴가 동안에 바닷가로 갈까?

Nein, wir waren doch letztes Jahr am Meer.
아니, 우리 작년에 바닷가에 있었잖아.

Hmm, wohin fahren wir dann?
흠, 그럼 우리 어디로 가지?

Ich möchte mit dir nach München fahren.
나는 너랑 뮌헨으로 가고 싶어.

Ich bin dafür. Das Wetter wird schön sein.
찬성이야. 날씨 좋을 거야.

Pl. Ferien 휴가 | s. Meer 바다 | dafür 찬성하는 (↔ dagegen 반대하는)

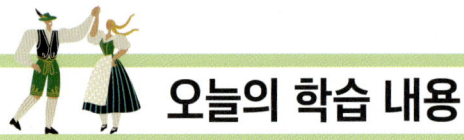

오늘의 학습 내용

① 3격 지배전치사

3격 지배전치사	의미
ab	~부터
von	~의, ~부터
bei	~에서, ~ 근처에, ~할 때
aus	~ 밖으로, ~로부터, ~로 만들어진
mit	~와 함께, ~을 타고, ~을 곁들여
seit	~(전)부터 지금도
gegenüber	~ 건너편에
zu	~(사람/일반장소)로
nach	~(도시/중성나라)로, ~한 후에
außer	~를 제외하고

② 4격 지배전치사

4격 지배전치사	의미
bis	~까지
entlang	~을 따라
gegen	~에 대항하여, ~에 반대하는
ohne	~없이
für	~을 위해
um	~시에, ~을 둘러싸고
durch	~을 통과하여

3 3&4격 지배전치사

3&4격 지배전치사	의미
hinter	~ 뒤에/뒤로
an	~ 가에/가로 (접촉)
neben	~ 옆에/옆으로 (비접촉)
auf	~ 위에/위로 (접촉)
in	~ 안에/안으로
zwischen	~ 사이에/사이로
unter	~ 아래에/아래로
vor	~ 앞에/앞으로
über	~ 위에/위로 (비접촉)

1) 3격과 4격의 구분

정지 3격 나는 학교(안)에 있다. ➡ Ich bin in der Schule.

이동 4격 나는 학교(안)으로 간다. ➡ Ich gehe in die Schule.

2) 알아두면 좋은 점

an / in / vor + 시간적 개념 올 때는 **3격 지배** (정지)

an	(비교적 짧은 시간)에
in	(비교적 긴 시간)에
vor	~ 전에

④ 2격 지배전치사

2격 지배전치사	의미
(an)statt	~ 대신에
außerhalb	~ 이외에, ~ 외부에
trotz	~에도 불구하고
innerhalb	~ 이내에, ~ 내부에
mithilfe	~의 도움으로, ~에 의해
aufgrund	~의 이유로
wegen	~ 때문에
während	~ 동안에

⑤ 미래시제

1) 현재시제로 표현

> Ich komme morgen.
> 나는 내일 올 것이다.

2) werden + 동사원형

> Ich werde morgen kommen.
> 나는 내일 올 것이다.

3) werden 동사의 현재 인칭 변화

ich	werde	wir	werden
du	wirst	ihr	werdet
er / sie / es	wird	sie / Sie	werden

6 미래시제의 용법

1) 단순 미래를 표현

> Morgen werde ich kommen.
> 나는 내일 올 것이다.

2) 추측

> Er wird sicher wissen.
> 그는 확실히 알 것이다.

복습 퀴즈! 제시된 빈칸을 채워 보세요.

1. Ich fahre _____ _____ Bus.
   나는 버스를 타고 간다.
2. Danke _____ _____ Brief.
   그 편지 고마워!
3. Wir gehen _____ Kino.
   우리는 영화관으로 간다.
4. _____ _____ Regens gehe ich spazieren.
   비가 오는데도 나는 산책을 간다.
5. Sie _____ morgen früh _____.
   그녀는 내일 일찍 올 것이다.

[정답] 1. mit dem | 2. für den | 3. ins | 4. Trotz des | 5. wird, kommen

실전 Test

1 우리말 해석을 참고해서 빈칸에 알맞은 격의 관사를 적어보세요.

❶ Sie hat für _____ Freund ein Buch gekauft.

그녀는 자신의 남자친구를 위해 책을 한 권 샀다.

❷ Eine Katze schläft auf _____ Sofa.

고양이 한 마리가 소파 위에서 자고 있다.

❸ Seit _____ Jahr wohnt er allein.

그는 일 년 전부터 혼자 살고 있다.

❹ Während _____ Semesters muss ich fleißig lernen.

학기 중에 나는 열심히 공부해야 한다.

2 우리말 해석을 참고해서 빈칸에 알맞은 전치사(전치사+관사)를 적어보세요.

❶ Katja ist _____ mir zu Hause.

카탸는 우리집에 있다.

❷ _____ dieser Woche muss ich die Wäsche waschen.

이번 주에 나는 빨랫감을 세탁해야 한다.

❸ _____ Wochenende fahren wir _____ Meer.

주말에 우리는 바다로 간다.

❹ _____ dich kann ich nicht leben.

너 없이 나는 살 수 없다.

3 괄호 안의 동사를 미래형으로 바꿔 빈칸을 채워보세요.

❶ Er _____ sicher _____. (kommen)

그는 분명히 올 것이다.

❷ Ich _____ am Wochenende meine Eltern _____. (besuchen)

나는 주말에 부모님을 방문할 것이다.

❸ Sie _____ nächstes Jahr ein Kind _____. (bekommen)

그녀는 내년에 아이가 생길 것이다.

4 다음 단어를 활용하여 한국어 문장을 독일어로 바꿔보세요.

❶ 이 선물은 너를 위한 거야. (für, s. Geschenk)

➡ _____

❷ 그녀는 아마 너를 그리워 할 것이다. (wohl, vermissen)

➡ _____

❸ 그는 교통체증 때문에 늦게 온다. (wegen, r. Stau, zu spät kommen)

➡ _____

정답 p.221

Lektion 12

Er ist größer als ich.
그가 나보다 키가 커.

MP3 바로 듣기

🇩🇪 오늘의 학습 목표
- 형용사의 비교·최상급

🇩🇪 오늘의 표현
- 그가 나보다 키가 커.   Er ist größer als ich.
- 오늘은 어제보다 더 따뜻해.   Heute ist es wärmer als gestern.
- 그녀가 노래를 가장 잘 해.   Sie singt am besten.

🇩🇪 오늘의 단어

맑은	klar	그림 그리다	malen
추운	kalt	아기	s. Baby
어제	gestern	겨울	r. Winter
치마	r. Rock	텔레비전	r. Fernseher

오늘의 회화

#1

Wer ist größer?
누가 더 키가 크니?

Er ist größer als ich.
그가 나보다 커.

#2

Ist der Rock kürzer?
이 치마가 더 짧은가?

Ja, er ist am kürzesten.
응, 그게 가장 짧아.

#3

Wer ist am kleinsten?
누가 가장 작지?

Das Baby ist am kleinsten.
그 아기가 가장 작네.

#4

Was ist besser?
뭐가 더 나아?

Die Hose ist schöner.
이 바지가 더 예뻐.

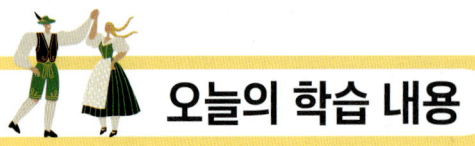

오늘의 학습 내용

1 형용사/부사의 비교급

1) 기본 규칙

> 형용사의 원급 + er

- 독일어 비교급은 형용사에 -er을 붙이고, 'als(~보다)'를 사용해 비교합니다.
- 일부 형용사는 모음이 바뀌면서 비교급이 됩니다. 특히 '단음절 형용사 + a, o, u'일 경우 변모음(ä, ö, ü)으로 바뀌는 경우가 많습니다.

2) 비교급 활용 예시

원급		비교급
schön	아름다운	schöner
klar	깨끗한, 맑은	klarer
klein	작은	kleiner
kalt	추운	kälter
groß	큰	größer
kurz	짧은	kürzer

+ **als** 비교대상 (~보다)

Er ist größer als ich.	그가 나보다 키가 커.
Die Tasche ist schöner.	이 가방이 더 예쁘다.
Heute ist es klarer.	오늘이 더 맑아.
Gestern war es kälter.	어제가 더 추웠어.
Das Zimmer ist kleiner.	이 방이 더 작아.
Der Rock ist kürzer.	이 치마가 더 짧아.

❷ 형용사/부사의 최상급

1) 기본 규칙

> am + 형용사의 원급 + sten

- 독일어 최상급은 'am + 형용사 + -sten'의 형태를 사용합니다.
- 일부 형용사는 비교급과 마찬가지로 모음이 바뀌면서 최상급이 됩니다. 특히 '단음절 형용사 + a, o, u'일 경우 변모음(ä, ö, ü)으로 바뀌는 경우가 많습니다.

2) 최상급 활용 예시

원급		최상급
schön	아름다운	am schönsten
klar	깨끗한, 맑은	am klarsten
klein	작은	am kleinsten
kalt	추운	am kältesten
groß	큰	am größten
kurz	짧은	am kürzesten

TIPP 단, 형용사가 '-d, -t, -ß, -sch, -z ...'로 끝나면 e를 추가 (주의 : groß는 예외)

Du malst am schönsten.	네가 가장 예쁘게 그림 그린다.
Morgen ist es am klarsten.	내일이 가장 맑다.
Das Baby ist am kleinsten.	그 아기가 가장 작다.
Im Winter ist es am kältesten.	겨울에 가장 춥다.
Der Fernseher ist am größten.	이 TV가 가장 커.
Die Hose ist am kürzesten.	이 바지가 가장 짧아.

③ 그 외의 다양한 형용사 (불규칙)

원급		비교급	최상급
warm	따뜻한	wärmer	am wärmsten
jung	어린, 젊은	jünger	am jüngsten
alt	오래된, 늙은	älter	am ältesten
süß	달콤한, 귀여운	süßer	am süßesten
klug	똑똑한	klüger	am klügsten
lang	긴	länger	am längsten
teuer	값이 비싼	teurer	am teuersten
dunkel	어두운	dunkler	am dunkelsten

✱TIPP -er, -el로 끝나는 형용사는 비교급을 만들 때 -er과 -el의 e 삭제

④ 그 외의 다양한 형용사/부사 (완전 불규칙)

원급		비교급	최상급
viel	많은, 많이	mehr	am meisten
gern	기꺼이, 즐겨	lieber	am liebsten
gut	좋은, 잘	besser	am besten
hoch	높은, 높이	höher	am höchsten
nah	가까운, 가까이	näher	am nächsten

오늘의 연습문제

1 다음 형용사의 비교급과 최상급을 쓰세요.

형용사	비교급	최상급
klein	①	⑦
groß	②	⑧
süß	③	⑨
kurz	④	⑩
kalt	⑤	⑪
gut	⑥	⑫

2 밑줄 친 부분을 비교급으로 바꿔쓰세요.

① Heute ist es klar. ➡ _____ als gestern.

② Er ist alt. ➡ _____ als sie.

③ Sie ist klug. ➡ _____ als er.

3 밑줄 친 부분을 최상급으로 바꿔쓰세요.

① Er ist jung. ➡ _____

② Der Film gefällt mir gut. ➡ _____

③ Heute ist es warm. ➡ _____

정답 p.222

Lektion 12 Er ist größer als ich.

MP3 바로 듣기

Lektion 13

Viele Leute trinken kaltes Wasser.

많은 사람들이 차가운 물을 마신다.

🇩🇪 오늘의 학습 목표
- ✓ 형용사의 어미변화 1

🇩🇪 오늘의 표현
- ✓ 많은 사람들이 차가운 물을 마신다.   Viele Leute trinken kaltes Wasser.
- ✓ 젊은 여자들이 큰 차들을 좋아한다.   Junge Frauen mögen große Autos.
- ✓ 나는 맛있는 커피를 좋아해.   Ich mag leckeren Kaffee.

🇩🇪 오늘의 단어

와인	r. Wein	눈	s. Auge -n
녹색의	grün	머리카락	s. Haar -e
고기	s. Fleisch	냄새	r. Geruch
샐러드, 양상추	r. Salat	향기	r. Duft
과일	s. Obst	파란색의	blau
가구	Pl. Möbel	금발의	blond

오늘의 회화

#1
Was trinkst du gern?
넌 무엇을 즐겨 마셔?

Ich mag frischen Kaffee.
나는 신선한 커피를 좋아해.

#2
Was ist der Geruch?
이건 무슨 냄새지?

Das ist der Geruch alter Bücher.
이건 오래된 책의 냄새야.

#3
Magst du Bier?
너는 맥주를 좋아하니?

Ja, ich mag deutsches Bier.
응, 나는 독일 맥주를 좋아해.

#4
Wie sieht sie aus?
그녀는 어떻게 생겼어?

Sie hat blaue Augen und blonde Haare.
그녀는 파란 눈과 금발 머리를 가지고 있어.

오늘의 학습 내용

1 형용사 어미변화 1

1) 기본 규칙

독일어에서 형용사가 명사를 수식하면 그 명사의 성, 수, 격에 따라 어미가 달라집니다.

2) 관사가 없을 때 형용사 어미변화

한국어	그 남자는 친절하다.	그는 친절한 남자이다.
독일어	Der Mann ist nett.	Er ist netter Mann.

일반적으로 명사는 관사와 함께 사용되지만, 관사가 없는 경우에는 형용사가 관사의 역할을 대신하여 어미 변화를 합니다. 이때, 정관사 어미변화와 비슷하게 변화합니다.

	정관사 어미변화				형용사 어미변화			
	남성	여성	중성	복수	남성	여성	중성	복수
1격 (은/는/이/가)	der	die	das	die	er	e	es	e
2격 (의)	des	der	des	der	en	er	en	er
3격 (에게)	dem	der	dem	den	em	er	em	en
4격 (을/를)	den	die	das	die	en	e	es	e

★TIPP 위와 같은 어미변화를 '강변화'라고 부릅니다.

❷ '형용사 + 명사'의 활용

1) 형용사 + 남성 명사

1격	멋진 남자가	schöner Mann
2격	멋진 남자의	schönen Mannes
3격	멋진 남자에게	schönem Mann
4격	멋진 남자를	schönen Mann

2) 형용사 + 여성 명사

1격	친절한 여자가	nette Frau
2격	친절한 여자의	netter Frau
3격	친절한 여자에게	netter Frau
4격	친절한 여자를	nette Frau

3) 형용사 + 중성 명사

1격	작은 차가	kleines Auto
2격	작은 차의	kleinen Autos
3격	작은 차에게	kleinem Auto
4격	작은 차를	kleines Auto

4) 형용사 + 복수 명사

1격	어린 아이들이	junge Kinder
2격	어린 아이들의	junger Kinder
3격	어린 아이들에게	jungen Kindern
4격	어린 아이들을	junge Kinder

3 문장 만들기

Guter Wein ist immer teuer.
좋은 와인은 항상 비싸다.

Ich spiele gern mit kleinen Kindern.
나는 어린아이들과 즐겨 논다.

Sie trinken kaltes Bier.
그들은 차가운 맥주를 마신다.

Sie mag französischen Wein.
그녀는 프랑스산 와인을 좋아한다.

Trinkst du gern grünen Tee?
너는 녹차를 즐겨 마시니?

Essen Sie Fleisch mit frischem Salat?
당신은 신선한 샐러드와 함께 고기를 드시나요?

Wir haben immer frisches Obst.
저희는 항상 신선한 과일을 갖고 있어요.

Sie haben ein Haus mit schönen Möbeln.
당신은 멋진 가구들이 있는 집을 갖고 있네요.

Sie hat blaue Augen und blonde Haare.
그녀는 파란 눈과 금발의 머리를 가지고 있다.

Ich mag den Duft frischen Kaffees.
나는 신선한 커피의 향을 좋아한다.

Bei schlechtem Wetter bin ich zu Hause.
날씨가 안 좋을 때 나는 집에 있는다.

Das ist der Geruch alter Bücher.
이것은 오래된 책의 냄새이다.

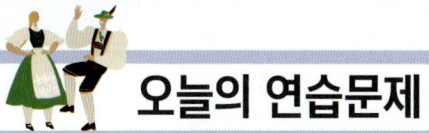

오늘의 연습문제

1 관사가 없을 때의 형용사 어미변화 표를 완성하세요.

	형용사 어미변화			
	남성	여성	중성	복수
1격	❶	❺	❾	⓭
2격	❷	❻	❿	⓮
3격	❸	❼	⓫	⓯
4격	❹	❽	⓬	⓰

2 빈칸에 들어갈 알맞은 어미를 쓰세요.

❶ Sie trinken kalt_____ Bier.

❷ Bei schlecht_____ Wetter gehe ich nicht spazieren.

❸ Gut_____ Wein ist immer teuer.

❹ Ich mag den Geruch alt_____ Bücher.

3 밑줄 친 부분의 쓰임이 옳지 <u>않은</u> 것은?

ⓐ Sie mag <u>französischen</u> Wein.

ⓑ Er hat <u>blonde</u> Haare und <u>blaue</u> Augen.

ⓒ Ich spiele gern mit <u>kleinen</u> Kindern.

ⓓ Wir haben immer <u>frisches</u> Obst.

ⓔ Ich mag die Duft <u>frisches Kaffees</u>.

정답 p.222

MP3 바로 듣기

Der neue Lehrer ist nett.
그 새로운 선생님은 친절하다.

🇩🇪 오늘의 학습 목표
- ✓ 형용사의 어미변화 2

🇩🇪 오늘의 표현
- ✓ 그 새로운 선생님은 친절하다. Der neue Lehrer ist nett.
- ✓ 나는 그 두꺼운 책을 읽는다. Ich lese das dicke Buch.
- ✓ 그 중요한 사람들이 여기에 있다. Die wichtigen Leute sind hier.

🇩🇪 오늘의 단어

빨간색의	rot	정원	r. Garten
중요한	wichtig	색깔	e. Farbe
~에게 속하다	gehören	하늘	r. Himmel
~를 운전하다	fahren	실용적인	praktisch
나무	r. Baum	두꺼운	dick

오늘의 회화

Was ist der Titel des Buches?
그 책의 제목이 뭐야?

Der kleine Prinz.
어린왕자야.

Wessen Buch ist das?
이거 누구의 책이야?

Das ist das Buch des netten Mannes.
이건 그 친절한 남자의 책이야.

Kommt noch jemand?
누가 더 오나요?

Niemand. Die wichtigen Leute sind alle hier.
아무도요. 중요한 사람들은 모두 여기에 있어요.

Was gefällt dir besser?
뭐가 더 마음에 들어?

Ich mag das rote Auto.
나는 그 빨간 자동차를 좋아해.

Lektion 14 Der neue Lehrer ist nett. 107

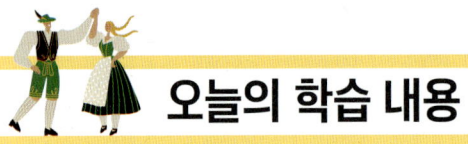

오늘의 학습 내용

1 형용사 어미변화 2

1) 기본 규칙

독일어에서 형용사가 명사를 수식하면 그 명사의 성, 수, 격에 따라 어미가 달라집니다.

2) '정관사 + 형용사 + 명사'일 때 형용사 어미변화

한국어	그 남자는 친절하다.	그가 그 친절한 남자이다.
독일어	Der Mann ist nett.	Er ist der nette Mann.

정관사가 있을 경우, 정관사가 이미 명사의 성·수·격 정보를 보여주기 때문에, 형용사 어미는 -e 또는 -en으로 단순하게 변합니다.

	정관사 어미변화				형용사 어미변화			
	남성	여성	중성	복수	남성	여성	중성	복수
1격 (은/는/이/가)	der	die	das	die	e	e	e	
2격 (의)	des	der	des	der	en			
3격 (에게)	dem	der	dem	den				
4격 (을/를)	den	die	das	die		e	e	

★TIPP 위와 같은 어미변화를 '약변화'라고 부릅니다.

② '정관사 + 형용사 + 명사'의 활용

1) 정관사 + 형용사 + 남성 명사

1격	그 멋진 남자가	der schöne Mann
2격	그 멋진 남자의	des schönen Mannes
3격	그 멋진 남자에게	dem schönen Mann
4격	그 멋진 남자를	den schönen Mann

2) 정관사 + 형용사 + 여성 명사

1격	그 친절한 여자가	die nette Frau
2격	그 친절한 여자의	der netten Frau
3격	그 친절한 여자에게	der netten Frau
4격	그 친절한 여자를	die nette Frau

3) 정관사 + 형용사 + 중성 명사

1격	그 작은 차가	das kleine Auto
2격	그 작은 차의	des kleinen Autos
3격	그 작은 차에게	dem kleinen Auto
4격	그 작은 차를	das kleine Auto

4) 정관사 + 형용사 + 복수 명사

1격	그 어린 아이들이	die jungen Kinder
2격	그 어린 아이들의	der jungen Kinder
3격	그 어린 아이들에게	den jungen Kindern
4격	그 어린 아이들을	die jungen Kinder

③ 문장 만들기

Der gute Wein ist immer teuer.
그 좋은 와인은 항상 비싸다.

Ich spiele gern mit den kleinen Kindern.
나는 그 어린아이들과 즐겨 논다.

Sie trinken das kalte Bier.
그들은 그 차가운 맥주를 마신다.

Sie mag den französischen Wein.
그녀는 그 프랑스산 와인을 좋아한다.

Die schöne Tasche gehört dem jungen Kind.
그 예쁜 가방은 그 어린 아이의 것이다.

Er fährt das rote Auto des großen Bruders.
그는 큰 형의 빨간색 자동차를 운전한다.

Der große Mann gefällt mir.
그 키 큰 남자가 내 마음에 든다.

Die wichtigen Leute sind hier.
그 중요한 사람들이 여기에 있다.

Der große Baum steht im Garten.
그 키 큰 나무가 정원에 세워져 있다.

Wir helfen dem alten Mann.
우리는 그 나이든 남자에게 도움을 준다.

Die Farbe des klaren Himmels ist schön.
맑은 하늘의 색깔이 예쁘다.

Ich mag die praktischen Möbel.
나는 그 실용적인 가구들이 좋다.

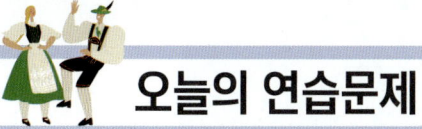

오늘의 연습문제

1 정관사가 있을 때의 형용사 어미변화 표를 완성하세요.

	형용사 어미변화			
	남성	여성	중성	복수
1격	❶	❺	❾	⓭
2격	❷	❻	❿	⓮
3격	❸	❼	⓫	⓯
4격	❹	❽	⓬	⓰

2 빈칸에 들어갈 알맞은 어미를 쓰세요.

❶ Sie trinken das kalt_____ Bier.

❷ Die Farbe des klar_____ Himmels ist schön.

❸ Der gut_____ Wein ist immer teuer.

❹ Die schön_____ Tasche gehört dem jung_____ Kind.

3 밑줄 친 부분의 쓰임이 옳지 <u>않은</u> 것은?

ⓐ Sie mag <u>die praktische Möbel</u>.

ⓑ Er fährt <u>das rote Auto des großen Bruders</u>.

ⓒ Wir helfen <u>dem alten Mann</u>.

ⓓ <u>Der große Baum</u> steht im Garten.

ⓔ Ich spiele gern mit <u>den kleinen Kindern</u>.

정답 p.222

MP3 바로 듣기

Ich habe einen älteren Bruder.
저는 오빠를 한 명 가지고 있어요.

🇩🇪 오늘의 학습 목표
- ✓ 형용사의 어미변화 3

🇩🇪 오늘의 표현
- ✓ 저는 오빠 한 명을 가지고 있어요.   Ich habe einen älteren Bruder.
- ✓ 그는 하나의 검정색 자동차를 가지고 있다.   Er hat ein schwarzes Auto.
- ✓ 나는 예쁜 가방들을 하나도 갖고 있지 않아.   Ich habe keine schönen Taschen.

🇩🇪 오늘의 단어

멋진	toll	일, 사건, 물건	e. Sache
재미있는	interessant	사랑스러운	lieb
기원하다	wünschen	소녀	s. Mädchen
방법, 해결책	e. Lösung	검정색의	schwarz

오늘의 회화

#1

Hast du Geschwister?
너는 형제자매를 가지고 있니?

Ich habe einen älteren Bruder und eine jüngere Schwester.
나는 형 한 명과 여동생 한 명을 가지고 있어.

#2

Wie ist der Film?
그 영화 어때?

Das ist ein guter Film.
그것은 좋은 영화야.

#3

Ich brauche eine schöne Tasche.
나는 하나의 예쁜 가방을 필요로 해.

Ich habe keine schönen Taschen.
나는 예쁜 가방들을 하나도 갖고 있지 않아.

#4

Hat er ein Auto?
그가 차를 한 대 가지고 있니?

Ja, er hat ein schwarzes Auto.
응, 그는 하나의 검정색 차를 가지고 있어.

Lektion 15 Ich habe einen älteren Bruder. 113

오늘의 학습 내용

❶ 형용사 어미변화 3

1) 기본 규칙

독일어에서 형용사가 명사를 수식하면 그 명사의 성, 수, 격에 따라 어미가 달라집니다.

2) '부정관사 + 형용사 + 명사'일 때 형용사 어미변화

한국어	한 아이는 친절하다.	그는 한 친절한 아이다.
독일어	Ein Kind ist nett.	Er ist ein nettes Kind.

부정관사는 일부 성·수·격 정보를 주긴 하지만 완전하지 않아서, 부정관사가 있는 경우 형용사의 어미변화를 통해 남성/중성을 확실히 구분합니다.

	부정관사 어미변화				형용사 어미변화			
	남성	여성	중성	복수	남성	여성	중성	복수
1격 (은/는/이/가)	ein	eine	ein	keine	er	e	es	en
2격 (의)	eines	einer	eines	keiner	en	en	en	en
3격 (에게)	einem	einer	einem	keinen	en	en	en	en
4격 (을/를)	einen	eine	ein	keine	en	e	es	en

TIPP 위와 같은 어미변화를 '혼합변화'라고 부릅니다.

② '부정관사 + 형용사 + 명사'의 활용

1) 부정관사 + 형용사 + 남성 명사

1격	한 멋진 남자가	ein schöner Mann
2격	한 멋진 남자의	eines schönen Mannes
3격	한 멋진 남자에게	einem schönen Mann
4격	한 멋진 남자를	einen schönen Mann

2) 부정관사 + 형용사 + 여성 명사

1격	한 친절한 여자가	eine nette Frau
2격	한 친절한 여자의	einer netten Frau
3격	한 친절한 여자에게	einer netten Frau
4격	한 친절한 여자를	eine nette Frau

3) 부정관사 + 형용사 + 중성 명사

1격	한 작은 차가	ein kleines Auto
2격	한 작은 차의	eines kleinen Autos
3격	한 작은 차에게	einem kleinen Auto
4격	한 작은 차를	ein kleines Auto

4) 부정관사 + 형용사 + 복수 명사

1격	한 어린 아이들이	meine jungen Kinder
2격	한 어린 아이들의	meiner jungen Kinder
3격	한 어린 아이들에게	meinen jungen Kindern
4격	한 어린 아이들을	meine jungen Kinder

TIPP kein-과 소유관사(부정관사류)를 관사로 하는 경우도 여기에 해당됩니다.

③ 문장 만들기

Er ist ein netter Freund.
그는 한 친절한 친구이다.

Das ist ein tolles Auto.
그것은 하나의 멋진 자동차다.

Ich habe eine schöne Tasche.
나는 하나의 예쁜 가방을 가지고 있다.

Er liest ein interessantes Buch.
그는 하나의 재미있는 책을 읽는다.

Ich wünsche Ihnen einen guten Tag.
나는 당신에게 하나의 좋은 날을 기원합니다.

Ich wünsche dir eine gute Nacht.
나는 너에게 하나의 좋은 밤을 기원해.

Es gibt keine besseren Lösungen.
더 좋은 방법들이 없다.

Das ist keine große Sache.
그것은 큰 일이 아니야.

Heute haben wir ein schönes Wetter.
오늘 우리는 하나의 멋진 날씨를 가지고 있다.

Das gefällt einem lieben Mädchen.
그것은 한 사랑스러운 소녀에게 마음에 든다.

Ich habe einen älteren Bruder.
나는 한 명의 오빠를 가지고 있다.

Sie sind meine besten Freunde.
그들이 나의 가장 좋은 친구들이에요.

오늘의 연습문제

1 부정관사가 있을 때의 형용사 어미변화 표를 완성하세요.

	형용사 어미변화			
	남성	여성	중성	복수
1격	❶	❺	❾	⓭
2격	❷	❻	❿	⓮
3격	❸	❼	⓫	⓯
4격	❹	❽	⓬	⓰

2 빈칸에 들어갈 알맞은 어미를 쓰세요.

❶ Er ist ein nett_____ Freund.

❷ Das ist keine groß_____ Sache.

❸ Sie hat ein rot_____ Auto.

❹ Sie sind meine best_____ Freunde.

3 밑줄 친 부분의 쓰임이 옳지 않은 것은?

ⓐ Sie hat <u>einen älteren Bruder</u>.

ⓑ Ich wünsche Ihnen <u>eine gute Nacht</u>.

ⓒ Das gefällt <u>einem lieben Mädchen</u>.

ⓓ Heute haben wir <u>eines schönes Wetter</u>.

ⓔ Es gibt <u>keine besseren Lösungen</u>.

정답 p.223

Lektion 16

Wiederholung
12~15강 복습

MP3 바로 듣기

🇩🇪 오늘의 학습 목표
- ✓ 형용사 원급/비교급/최상급 복습하기
- ✓ 형용사 어미변화 복습하기

🇩🇪 오늘의 표현
- ✓ 오늘이 어제보다 따뜻하다.
  Heute ist es wärmer als gestern.
- ✓ 그런데 내일 가장 따뜻해진다.
  Aber morgen wird es am wärmsten.
- ✓ 좋은 날씨야!
  Das ist ein schönes Wetter!
- ✓ 나는 이 아름다운 계절이 좋아.
  Ich mag die schöne Jahreszeit.

오늘의 회화

Hey, heute ist es wärmer als gestern, oder?
야, 오늘은 어제보다 따뜻하다, 그치?

Ja, aber morgen wird es am wärmsten.
응, 그런데 내일이 가장 따뜻하대.

Ach, das ist ein schönes Wetter!
아, 정말 좋은 날씨야!

Stimmt. Ich mag die schöne Jahreszeit.
맞아. 나는 이 아름다운 계절이 좋아.

Ich auch. Man kann viele schöne Blumen sehen.
나도. 사람들은 많은 예쁜 꽃들을 볼 수 있어.

heute 오늘 | gestern 어제 | e. Jahreszeit 계절 | e. Blume 꽃

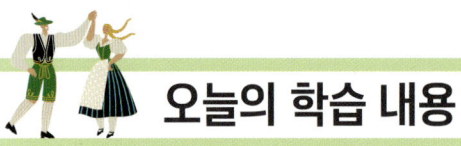

오늘의 학습 내용

① 형용사/부사의 비교급 : 형용사의 원급 + er

- 독일어 비교급은 형용사에 -er을 붙이고, 'als(~보다)'를 사용해 비교합니다.
- 일부 형용사는 모음이 바뀌면서 비교급이 됩니다. 특히 '단음절 형용사 + a, o, u'일 경우 변모음(ä, ö, ü)으로 바뀌는 경우가 많습니다.

원급		비교급
schön	아름다운	schöner
klar	깨끗한, 맑은	klarer
klein	작은	kleiner
kalt	추운	kälter
groß	큰	größer
kurz	짧은	kürzer

+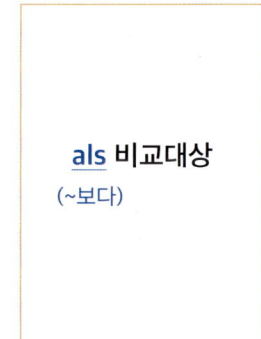

als 비교대상
(~보다)

② 형용사/부사의 최상급 : am + 형용사의 원급 + sten

- 독일어 최상급은 'am + 형용사 + -sten'의 형태를 사용합니다.
- 일부 형용사는 비교급과 마찬가지로 모음이 바뀌면서 최상급이 됩니다. 특히 '단음절 형용사 + a, o, u'일 경우 변모음(ä, ö, ü)으로 바뀌는 경우가 많습니다.

원급		최상급
schön	아름다운	am schönsten
klar	깨끗한, 맑은	am klarsten
klein	작은	am kleinsten
kalt	추운	am kältesten
groß	큰	am größten
kurz	짧은	am kürzesten

TIPP 단, 형용사가 '-d, -t, -ß, -sch, -z' 등으로 끝나면 e를 추가

❸ 그 외의 다양한 형용사의 비교급과 최상급 (불규칙)

원급		비교급	최상급
warm	따뜻한	wärmer	am wärmsten
jung	어린, 젊은	jünger	am jüngsten
alt	오래된, 늙은	älter	am ältesten
süß	달콤한, 귀여운	süßer	am süßesten
klug	똑똑한	klüger	am klügsten
lang	긴	länger	am längsten
teuer	값이 비싼	teurer	am teuersten
dunkel	어두운	dunkler	am dunkelsten

❹ 그 외의 다양한 형용사/부사의 비교급과 최상급 (완전 불규칙)

원급		비교급	최상급
viel	많은, 많이	mehr	am meisten
gern	기꺼이, 즐겨	lieber	am liebsten
gut	좋은, 잘	besser	am besten
hoch	높은, 높이	höher	am höchsten
nah	가까운, 가까이	näher	am nächsten

⑤ 형용사의 어미변화

1) 어미변화 1 : 관사가 없을 때 형용사 어미변화

	남성	여성	중성	복수
1격	er	e	es	e
2격	en	er	en	er
3격	em	er	em	en
4격	en	e	es	e

2) 어미변화 2 : 정관사가 있을 때 형용사 어미변화

	남성	여성	중성	복수
1격	e	e	e	en
2격	en	en	en	en
3격	en	en	en	en
4격	en	e	e	en

① 정관사는 정관사 대로, 형용사 어미변화는 e 또는 en
② 단수 1격은 e, 여성&중성 4격도 e
③ 나머지는 en
④ 100% 적용되는 규칙
  - das 형용사e
  - die 형용사e + 여성명사
  - dem 형용사en
  - den 형용사en

> **TIPP** 관사 있고 복수명사 꾸며주면 어미는 무조건 en입니다.

3) 어미변화 3 : 부정관사가 있을 때 형용사 어미변화

	남성	여성	중성	복수
1격	er	e	es	
2격				
3격	en			
4격		e	es	

① 남성 1격 : ein 형용사er + 명사
② 중성 1&4격 : ein 형용사es + 명사
③ 나머지는 en
④ 100% 적용되는 규칙
   - eine 형용사e + 명사
   - einem/einen 형용사en + 명사

TIPP 관사 있고(kein / mein 등) 복수명사 꾸며주면 어미는 무조건 en입니다.

복습 퀴즈! 제시된 빈칸을 채워 보세요.

1. Ich esse _____ als meine Mutter, aber mein Vater isst _____.
   나는 나의 엄마보다 많이 먹지만, 나의 아빠는 가장 많이 드신다.

2. _____ Europäer trinken nicht gern _____ Kaffee.
   많은 유럽인들이 차가운 커피를 즐겨 마시지 않는다.

3. Wir lesen das _____ Buch.
   우리는 그 재미있는 책을 읽고 있다.

4. Das ist ein _____ Film.
   그것은 하나의 지루한 영화이다.

5. Sie liebt ihre _____ Kinder.
   그녀는 그녀의 어린 아이들을 사랑한다.

[정답] 1. mehr, am meisten | 2. Viele, kalten | 3. interessante | 4. langweiliger | 5. kleinen

실전 Test

1 다음 단어의 비교급과 최상급을 적어보세요.

뜻	원급	비교급	최상급
❶ 맑은, 깨끗한	klar		
❷ 작은	klein		
❸ 큰	groß		
❹ 짧은	kurz		
❺ 긴	lang		
❻ 오래된, 나이든	alt		
❼ 어린, 젊은	jung		
❽ 차가운	kalt		
❾ 따뜻한	warm		
❿ 많은, 많이	viel		
⓫ 즐겨, 기꺼이	gern		
⓬ 좋은, 잘	gut		

2 제시된 문장을 비교급과 최상급 문장으로 바꿔보세요.

❶ Dieser Apfel ist süß. 이 사과는 달다.

비교급 ➡ Dieser Apfel ist _____ als das da.   이 사과는 저것보다 달다.

최상급 ➡ Dieser Apfel ist _____.   이 사과가 가장 달다.

❷ Das Kleid ist teuer. 이 드레스는 비싸다.

비교급 ➡ Das Kleid ist _____ als das da.   이 드레스는 저것보다 비싸다.

최상급 ➡ Das Kleid ist _____.   이 드레스가 가장 비싸다.

3 우리말 해석을 참고해서 괄호 안의 형용사를 알맞은 형태로 빈칸에 적어보세요.

① Das _____ Buch gehört mir. (dick)

저 두꺼운 책은 내 것이다.

② Sie trinkt gern _____ Tee. (warm)

그녀는 따뜻한 차를 즐겨 마신다.

③ Er liebt seine _____ Schwester. (klein)

그는 자신의 여동생을 사랑한다.

④ Ihr helft dem _____ Mann. (alt)

너희들은 그 나이든 남자를 돕는다.

⑤ Ich brauche eine _____ Lösung. (gut)

나는 더 나은 해결책을 필요로 한다.

4 다음 단어를 활용하여 한국어 문장을 독일어로 바꿔보세요.

① 우리는 오늘 좋지 않은 날씨를 가지고 있다. (schlecht, s. Wetter)

➡ _____

② 그것은 하나의 좋은 컴퓨터이다. (gut, r. Computer)

➡ _____

③ 나는 매운 국수를 즐겨 먹는다. (scharf, pl. Nudeln)

➡ _____

Lektion 17

Welches Eis möchtest du?
어떤 아이스크림을 먹고 싶어?

MP3 바로 듣기

🇩🇪 오늘의 학습 목표
- ✓ welch- 어떤

🇩🇪 오늘의 표현
- ✓ 어떤 아이스크림을 먹고 싶어? Welches Eis möchtest du?
- ✓ 그는 어떤 영화를 보고 있어? Welchen Film sieht er?
- ✓ 어떤 도시에서 살고 싶나요? In welcher Stadt möchten Sie leben?

🇩🇪 오늘의 단어

아이스크림	s. Eis	반대하는	dagegen
모자	r. Hut	대학교	e. Uni
신문	e. Zeitung	도시	e. Stadt
초콜릿	e. Schokolade	연방 주	s. Bundesland
신발	Pl. Schuhe	호텔	s. Hotel
과목	s. Fach	치즈	r. Käse

오늘의 회화

An welcher Uni studierst du?
너는 어떤 대학에서 공부하고 있니?

Ich studiere an der Hankook Uni.
나는 한국대에서 공부하고 있어.

Welches Hotel gefällt dir besser?
어떤 호텔이 더 마음에 들어?

Das Hotel „Adler".
호텔 "아들러".

Welches Eis möchtest du?
어떤 아이스크림을 먹고 싶어?

Das Eis mit Erdbeeren.
나 딸기 있는 거.

In welcher Stadt in Deutschland möchtest du leben?
너는 독일에서 어떤 도시에서 살고 싶니?

Ich möchte in der westlichen Stadt leben.
저는 서쪽에 있는 도시에서 살고 싶어요.

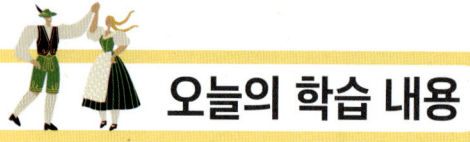

오늘의 학습 내용

❶ welch-

- 'welch-'는 '어떤'이라는 의미를 가지며, 뒤에 명사와 함께 사용되는 의문사입니다.
- 이 의문사는 명사의 성, 수 격에 따라 정관사처럼 어미 변화를 합니다.
- 'welch-'는 정해진 선택지 중에서 하나를 고를 때 주로 사용되며, 이에 대한 대답도 정관사 + 명사 형태로 하는 것이 일반적입니다.

질문	Welches Buch liest du? 어느 책을 읽고 있니?
대답	Das Buch über Geschichte. 역사에 관한 책이야.

❷ welch- 어미변화

	남성	여성	중성	복수
1격 (은/는/이/가)	welcher	welche	welches	welche
2격 (의)	welches	welcher	welches	welcher
3격 (에게)	welchem	welcher	welchem	welchen
4격 (을/를)	welchen	welche	welches	welche

Welches Eis möchtest du (essen)?
너는 어떤 아이스크림을 먹고 싶니?

Welcher Hut gefällt dir besser?
어떤 모자가 너에게 더 마음에 드니?

Welchen Lehrer mögt ihr?

너희들은 어떤 선생님을 좋아하니?

Welche Zeitung liest er?

그는 어떤 신문을 읽니?

Welchem Kind gibst du die Schokolade?

어떤 아이에게 너는 그 초콜렛을 주니?

Welche Schuhe kaufst du?

너는 어떤 신발을 사니?

Welches Fach mögt ihr?

너희는 어떤 과목을 좋아하니?

Welche Leute sind dagegen?

어떤 사람들이 거기에 반대하나요?

③ 전치사 + welch- + 명사

'welch-'는 전치사와 함께 사용할 수 있으며, 이때는 전치사가 지배하는 격에 따라 'welch-'의 어미가 변화합니다. 어미 변화는 정관사와 동일한 방식으로 이루어집니다.

An welch**er** Uni studieren sie?

그들은 어떤 대학에서 공부하니?

In welch**er** Stadt möchtest du leben?

너는 어느 도시에서 살고 싶니?

Mit welch**em** Mann tanzt sie?

그녀는 어떤 남자와 춤을 추니?

Aus welch**em** Bundesland kommt ihr?

너희는 어떤 연방 주 출신이니?

④ welch- + 명사

'welch-'는 어미를 통해 성, 수, 격을 알 수 있기 때문에 **뒤에 올 명사를 생략 가능**합니다. 이때 어미 변화는 명사를 생략하기 전과 동일합니다.

Es gibt zwei Hotels. Welches gefällt dir?
두 개의 호텔이 있어. 어떤 게 더 맘에 들어?

Welchen möchtest du sehen?
(영화관에서) 어떤 걸 보고 싶어?

Welches gehört dir?
(주차장에서) 어떤 게 너에게 속해 있어?

Welchen kaufen Sie?
(치즈 파는 곳에서) 어떤 걸 사시겠어요?

MEMO

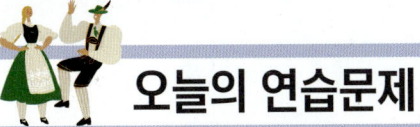

오늘의 연습문제

1 welch-의 어미변화표를 완성하세요.

	남성	여성	중성	복수
1격	❶	welche	❺	welche
2격	welches	❸	welches	❼
3격	❷	welcher	❻	welchen
4격	welchen	❹	welches	❽

2 빈칸에 들어갈 welch-의 형태를 올바르게 쓰세요.

❶ Welch_____ Bluse gefällt dir besser?

❷ Welch_____ Fach magst du?

❸ Mit welch_____ Frau tanzt er?

❹ Welch_____ Film möchten Sie sehen?

3 다음 문장들을 독일어로 바꿔 쓰세요.

❶ 너는 어떤 아이스크림을 먹고 싶니?

➡ _____

❷ 당신은 어떤 신발을 사십니까?

➡ _____

❸ 그는 어떤 책을 읽어?

➡ _____

정답 p.223

Lektion 18

Was für einen Wein möchten Sie?
어떤 종류의 와인을 원하십니까?

MP3 바로 듣기

🇩🇪 오늘의 학습 목표
✓ was für ein- 어떤 종류의

🇩🇪 오늘의 표현
✓ 어떤 종류의 와인을 원하십니까?   Was für einen Wein möchten Sie?
✓ 어떤 종류의 블라우스를 찾고 있니?   Was für eine Bluse suchst du?
✓ 넌 어떤 종류의 차를 타고 가니?   Mit was für einem Auto fährst du?

🇩🇪 오늘의 단어

꽃	e. Blume	원피스	s. Kleid
와인	r. Wein	유형	r. Typ
회사	e. Firma	평범한	normal
숙박하다	übernachten	공	r. Ball
보험	e. Versicherung -en	깨끗한	sauber
찾고 있다	suchen	조용한	ruhig

오늘의 회화

 #1

Was für ein Typ bist du?
너는 어떤 유형이니?

Ich bin ein normaler Typ.
나는 평범한 유형이지.

#2

Was für einen Ball kaufst du?
너는 어떤 종류의 공을 사니?

Ich kaufe einen kleinen Spielball.
나는 작은 놀이 공을 사.

#3

Was für ein Eis möchtest du?
어떤 종류의 아이스크림을 먹고 싶어?

Ein Eis mit Erdbeeren.
나 딸기 있는 거.

#4

In was für einer Stadt möchtest du leben?
너는 어떤 도시에서 살고 싶니?

Ich möchte in einer sauberen und ruhigen Stadt leben.
저는 깨끗하고 조용한 도시에서 살고 싶어요.

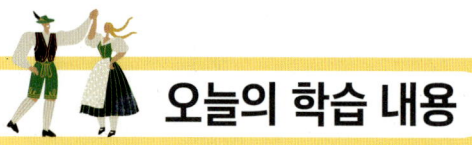

오늘의 학습 내용

1 was für ein-

- 'was für ein-'는 '어떤 종류의'라는 의미를 가지며, 뒤에 명사와 함께 사용되는 의문사입니다.
- 이 의문사는 명사의 성, 수 격에 따라 부정관사처럼 어미 변화를 합니다.
- 뒤에 복수 명사가 오면 ein 빼고 was für만 사용합니다.
- 대답은 부정관사 + 명사 형태로 하는 것이 일반적입니다.

질문	**Was für ein Buch** liest du? 너는 어떤 종류의 책을 읽고 있어?

⬇

대답	**Ein spannendes Buch.** 흥미로운 책이야.

2 was für ein- 어미변화

	남성	여성	중성	복수
1격 (은/는/이/가)	was für ein	was für eine	was für ein	was für
2격 (의)	was für eines	was für einer	was für eines	was für
3격 (에게)	was für einem	was für einer	was für einem	was für
4격 (을/를)	was für einen	was für eine	was für ein	was für

Was für **ein** Eis möchtest du?

너는 어떤 종류의 아이스크림을 먹고 싶니?

Was für **eine** Blume möchten Sie?

어떤 종류의 꽃을 원하시나요?

Was für **einen** Wein brauchen Sie?

어떤 종류의 와인을 필요로 하시나요?

Was für Schuhe kauft er?

그는 어떤 신발을 사니?

▶TIPP 뒤에 Schuhe와 같은 복수 명사가 오면 ein 빼고 was für만 사용합니다.

3 전치사 + was für ein- + 명사

'was für ein-'는 전치사와 함께 사용할 수 있으며, 이때는 전치사가 지배하는 격에 따라 'was für ein-'의 어미가 변화합니다. 어미 변화는 부정관사와 동일한 방식으로 이루어집니다.

In was für **einer** Firma arbeitet er?

그는 어떤 종류의 회사에서 일해?

Mit was für **einem** Fahrrad fährt sie?

그녀는 어떤 종류의 자전거를 타고 가?

In was für **einem** Hotel übernachtet ihr?

너희는 어떤 종류의 호텔에서 숙박해?

Mit was für **einem** Computer arbeiten wir?

우리는 어떤 종류의 컴퓨터로 일해?

4 was für ein- + 명사

'was für ein-'는 일반적으로 명사와 함께 사용되지만, 문맥이 명확할 경우 뒤에 오는 명사를 생략할 수도 있습니다. 다만 'was für ein-'의 어미를 통해 성, 수, 격을 알 수 있지만 완벽하지 않기 때문에 명사가 생략될 경우 어미 변화가 약간 달라집니다.

	남성	여성	중성	복수
1격 (은/는/이/가)	was für einer	was für eine	was für eines	was für welche
2격 (의)	was für eines	was für einer	was für eines	was für welcher
3격 (에게)	was für einem	was für einer	was für einem	was für welchen
4격 (을/를)	was für einen	was für eine	was für eines	was für welche

Was für eines suchen Sie?

(원피스 진열대에서) 어떤 종류의 것을 찾으시나요?

Was für welche brauchen Sie?

(보험회사 직원과 대화) 어떤 종류의 것들이 필요하시죠?

Was für einer gehört dir?

(볼펜들 중) 어떤 종류의 것이 너에게 속해 있어?

Was für einen kaufen Sie?

(치즈 파는 곳에서) 어떤 종류의 것을 사시겠어요?

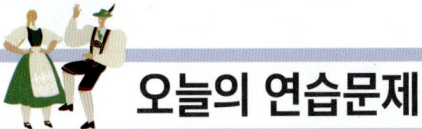

오늘의 연습문제

1 was für ein-의 어미변화표를 완성하세요.

	남성	여성	중성	복수
1격	❶	was für eine	was für ein	was für
2격	was für eines	❸	was für eines	was für
3격	❷	❹	❺	was für
4격	was für einen	was für eine	❻	was für

2 빈칸에 들어갈 was für ein-의 어미를 쓰세요. (어미가 없는 것은 -로 표시하세요.)

❶ Was für ein_____ Wein trinken Sie gern?

❷ Was für ein_____ Blume ist das?

❸ Mit was für ein_____ Computer arbeitest du?

❹ In was für ein_____ Hotel übernachten Sie?

3 다음 문장들을 독일어로 바꿔 쓰세요.

❶ 어떤 종류의 신발을 원하십니까?

➡ _____

❷ 어떤 종류의 회사에서 일하십니까?

➡ _____

❸ 그것은 어떤 종류의 영화입니까?

➡ _____

정답 p.224

Lektion 18 Was für einen Wein möchten Sie? 137

MP3 바로 듣기

Heute ist der dritte September.
오늘은 9월 3일이야.

🇩🇪 오늘의 학습 목표
- 서수 (날짜 말하기)

🇩🇪 오늘의 표현
- 오늘은 9월 3일이야.　　　　　Heute ist der dritte September.
- 나는 10월 1일에 생일이야.　　Ich habe am ersten Oktober Geburtstag.
- 그는 4월 7일에 태어났어.　　　Er ist am siebten April geboren.

🇩🇪 오늘의 단어

몇 번째의	Wievielt	생일	r. Geburtstag
~ 날짜에	am + 날짜	태어난	geboren

오늘의 회화

#1

Der Wievielte ist heute?
오늘 몇 월 며칠이야?

Heute haben wir den achtzehnten Dezember.
오늘은 12월 18일이야.

#2

Den Wievielten haben wir heute?
오늘 몇 월 며칠이야?

Heute ist der neunundzwanzigste August.
오늘은 8월 29일이야.

#3

Wann hast du Geburtstag?
넌 언제 생일이야?

Ich habe am vierten Juli Geburtstag.
나는 7월 4일에 생일이야.

#4

Wann sind Sie geboren?
당신은 언제 태어나셨죠?

Ich bin am dritten September geboren.
저는 9월 3일에 태어났어요.

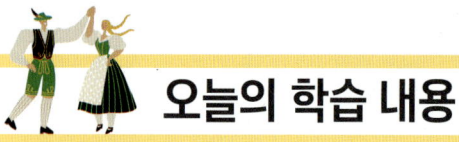

오늘의 학습 내용

① 서수

1) 서수란?

서수는 '첫째, 둘째, 셋째'처럼 순서를 나타낼 때 사용하는 표현입니다.

2) 서수를 만드는 법

1~19	20 이상의 수
기수 + t	기수 + st

② 서수의 형태 및 활용

첫 번째	erst	일곱 번째	siebt
두 번째	zweit	여덟 번째	acht
세 번째	dritt	아홉 번째	neunt
네 번째	viert	열 번째	zehnt
다섯 번째	fünft	스무 번째	zwanzigst
여섯 번째	sechst	서른 번째	dreißigst

★TIPP 독일어에서 서수 만드는 법은 일반적으로 규칙적이지만, 예외인 숫자도 일부 있으니 주의하세요!

- 서수는 명사를 수식할 때 사용되며, 보통 그 앞에는 정관사가 함께 옵니다.
- 서수는 형용사처럼 문장에서 기능하므로, 성, 수, 격에 따라 어미 변화를 합니다. 이때 서수는 형용사의 약변화 규칙을 따릅니다.
- 날짜를 이야기할 때는 반드시 서수를 사용합니다.

③ 날짜 묻고 답하기 (1격)

1) 날짜를 묻는 표현

> Der Wievielte ist heute?
> 오늘 며칠이야?

2) 날짜 대답 표현

서수로 대답할 때는 항상 정관사와 함께 쓰고 서수 뒤에 약변화 남성 1격 어미 e를 붙입니다.

> Heute ist der 서수e + 월 이름.
> 오늘은 몇 월 며칠이야.

Heute ist der 15. August. (fünfzehnte)
오늘은 8월 15일이야.

Heute ist der fünfzehnte (Tag) August.
오늘이 8월 15번째 날(=Tag)이다.

> **★TIPP** 서수를 아라비아 숫자로 표기할 때는 마침표를 사용합니다.

3) 월 이름 한번에 보기

1월	Januar	7월	Juli
2월	Februar	8월	August
3월	März	9월	September
4월	April	10월	Oktober
5월	Mai	11월	November
6월	Juni	12월	Dezember

Heute ist der dritte Januar.

오늘은 1월 3일입니다.

Heute ist der siebte Oktober.

오늘은 10월 7일입니다.

Heute ist der erste Juni.

오늘은 6월 1일입니다.

Heute ist der achte März.

오늘은 3월 8일입니다.

④ 날짜 묻고 답하기 (4격)

1) 날짜를 묻는 표현

> **Den** Wievielten haben wir heute?
> 오늘 며칠이야?

2) 날짜 대답 표현

4격으로 대답할 때는 서수 뒤에 약변화 남성 4격 어미en을 붙입니다.

> Heute haben wir den 서수en + 월 이름.
> 오늘은 몇 월 며칠이야.

Heute haben wir den 15. August.

오늘은 8월 15일이야.

Heute haben wir den fünfzehnten August.

오늘이 8월 15번째 날(=Tag)이다.

Heute haben wir den sechsten Februar.

오늘은 2월 6일입니다.

Heute haben wir den neunten März.
오늘은 3월 9일입니다.

⑤ 날짜 말하기

~일에
am + 날짜
an + dem (Tag) - 정지 3격

➡

몇 월 며칠에
am 서수en + 월 이름.

Wann hast du Geburtstag?
넌 언제 생일이야?

Ich habe am 23. Mai Geburtstag. (dreiundzwanzigsten)
나는 5월 23일에 생일이야.

Ich habe am 3. Februar Geburtstag. (dritten)
나는 2월 3일에 생일이야.

MEMO

오늘의 연습 문제

1 다음 숫자를 서수로 바꿔 쓰세요.

① eins ➡ _____

② zwei ➡ _____

③ drei ➡ _____

④ vier ➡ _____

⑤ sieben ➡ _____

⑥ neunzehn ➡ _____

⑦ einundzwanzig ➡ _____

2 괄호 안의 날짜를 독일어로 쓰세요.

Der Wievielte ist heute?

① Heute ist der _____. (8월 3일)

② Heute ist der _____. (9월 5일)

③ Heute haben wir den _____. (10월 7일)

④ Heute haben wir den _____. (11월 1일)

3 빈칸에 자신의 생일을 독일어로 쓰고 읽어 보세요.

Ich habe am _____(일) _____(월) Geburtstag.

독일 여행 Tipp!

고딕 양식의 정수, 쾰른 대성당

쾰른 역을 나서는 순간, 눈앞에 마치 산처럼 거대한 쌍둥이 첨탑이 솟아 있어요. 그 압도감은 말로 표현하기 힘들 정도인데, 600여 년 동안 건축된 이 쾰른 대성당Kölner Dom은 중세 유럽인들의 집념이 깃든 걸작입니다.

성당 내부의 스테인드글라스는 햇빛을 받을 때마다 성스럽고 몽환적인 빛을 뿜어내고, 동방박사의 유해가 안치된 황금 성궤는 경이로움을 자아내죠. 500계단을 올라 전망대에 오르면 라인강과 쾰른 시내가 발 아래 펼쳐져, 땀 흘린 보람을 느끼게 합니다. 대성당 앞 광장은 늘 활기찬 분위기로, 거리 음악과 퍼포먼스를 즐기기에도 좋아요.

정답 p.224

Lektion 20

Ich mache jeden Tag Sport.
나는 매일 운동을 해.

🇩🇪 오늘의 학습 목표
- ✓ 시간을 나타내는 4격 부사구

🇩🇪 오늘의 표현
- ✓ 나는 매일 운동을 해.   Ich mache jeden Tag Sport.
- ✓ 그 연주회는 매년 개최된다.   Das Konzert findet jedes Jahr statt.
- ✓ 그녀는 다음 주에 하나의 일정을 가지고 있다.   Sie hat nächste Woche einen Termin.

🇩🇪 오늘의 단어

연주회	s. Konzert	주말	s. Wochenende
개최되다	stattfinden	휴가를 갖다	Urlaub haben
지난	letzt	일정	r. Termin

오늘의 회화

Wann haben Sie Urlaub?
언제 휴가세요?

Nächste Woche.
다음 주에요.

Wie oft treibst du Sport?
너는 얼마나 자주 운동해?

Ich mache jeden Tag Sport.
나는 매일 운동해.

Das Konzert findet jedes Jahr statt.
그 연주회는 매년 개최됩니다.

Was macht sie nächste Woche?
그녀는 다음 주에 뭐해?

Sie hat nächstes Wochenende einen Termin.
그녀는 다음 주 주말에 하나의 일정을 가지고 있어.

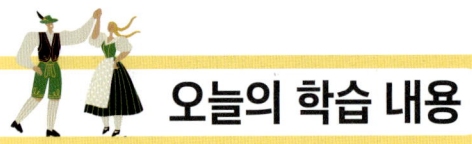 **오늘의 학습 내용**

① 시간 4격 부사구

1) 시간 4격 부사구란?

시간 4격 부사구는 '매년, 하루 종일, 다음 주에'와 같이 시간의 반복, 소요, 시점을 나타내면서 전치사를 쓰지 않는 경우를 말합니다.

＊TIPP 앞에서 배운 것처럼 an, in, vor와 같은 전치사를 쓰면 3격으로 시간을 표현합니다.

2) 시간 4격 부사구가 사용되는 경우

구분	
시간의 단위	며칠, 몇 주, 몇 년 등
시간의 반복	매년, 매주 등
소요 시간	하루 종일, 한 시간 동안 등
시점	다음 주, 지난 해 등

jed**en** Tag	매일
jed**e** Woche	매주
jed**en** Monat	매월
jed**es** Jahr	매년
nächst**en** Tag	다음 날에
nächst**e** Woche	다음 주에
nächst**en** Monat	다음 달에
nächst**es** Jahr	다음 해에

❷ 시간 4격 부사구 만들기

1) ~마다, ~에 한 번

| alle + 기수 + 복수명사 (4격 부사구) |

alle	기수	복수명사
alle	zwei	Tage

alle fünf Tage	5일 마다
alle drei Wochen	3주 마다
alle zwei Monate	2달 마다
alle vier Jahre	4년 마다

2) ~마다, ~에 한 번

| jed_ + 서수 + 단수명사 (4격 부사구) |

- 'jed-'는 '정관사류'이므로 정관사와 유사하게 어미변화 합니다.
- 'jed-' 뒤에 오는 서수에는 정관사가 있을 때 형용사 어미변화표(약변화표)의 4격 어미가 붙습니다.

jed_	서수	단수명사
jeden	zweiten	Tag

jeden fünften Tag	5일 마다
jede dritte Woche	3주 마다
jeden zweiten Monat	2달 마다
jedes vierte Jahr	4년 마다

③ 다양한 시간 4격 부사구 만들기

d**en** ganz**en** Tag	하루 종일
d**ie** ganz**e** Zeit	그 시간 내내
nächst**es** Wochenende	다음 주말에
dies**en** Samstag	이번 토요일에

MEMO

오늘의 연습문제

1 다음 표현을 시간 4격 부사구 형태의 독일어로 쓰세요.

① 매일 ➡ _____

② 다음 주에 ➡ _____

③ 내년에 ➡ _____

④ 매월 ➡ _____

2 다음 표현을 jed-가 들어간 표현으로 바꿔 보세요.

① alle drei Tage ➡ _____

② alle sieben Wochen ➡ _____

③ alle acht Monate ➡ _____

④ alle vier Jahre ➡ _____

3 빈칸에 들어갈 알맞은 어미를 쓰세요.

① den ganz_____ Tag

② dies_____ Wochenende

③ nächst_____ Monat

④ die ganz_____ Zeit

정답 p.224

Lektion 21

Kannst du es ihm geben?
그에게 그것을 줄 수 있니?

MP3 바로 듣기

🇩🇪 오늘의 학습 목표
- ✓ 목적어의 배열

🇩🇪 오늘의 표현
- ✓ 그에게 그것을 줄 수 있니? 　　Kannst du es ihm geben?
- ✓ 나는 그 남자에게 이 노트를 준다. 　Ich gebe dem Mann das Heft.
- ✓ 그녀는 그들에게 그 피자를 나눠준다. Sie teilt ihnen die Pizza.

🇩🇪 오늘의 단어

선물해주다	schenken	접시	r. Teller
소금	s. Salz	나눠주다	teilen
행복한	glücklich	공책	s. Heft
장난감	s. Spielzeug	피자	e. Pizza

오늘의 회화

 **Gibst du mir den Teller?**
나에게 그 접시를 줄래?

 **Ja, ich gebe ihn dir.**
응, 내가 그걸 네게 줄게.

 **Kaufst du deinem Freund das Buch?**
너는 너의 남자친구에게 이 책을 사줄거야?

 **Ja, ich kaufe es ihm.**
응, 나는 그것을 그에게 사줄거야.

 **Gehört ihm das Haus?**
그 집은 그의 것인가?

 **Warum bist du so glücklich?**
너는 왜 그리 행복하니?

 **Weil mir mein Vater ein Spielzeug kauft.**
왜냐면 나의 아빠가 나에게 장난감을 사주거든.

오늘의 학습 내용

1 목적어의 배열

1) 3격, 4격 목적어 배열 순서

주어, 동사 외에 3격, 4격 목적어를 배열하는 순서는 다음과 같습니다.

명사끼리	대명사 + 명사	대명사끼리
3격 → 4격	대명사 → 명사	4격 → 3격

① 예문 1

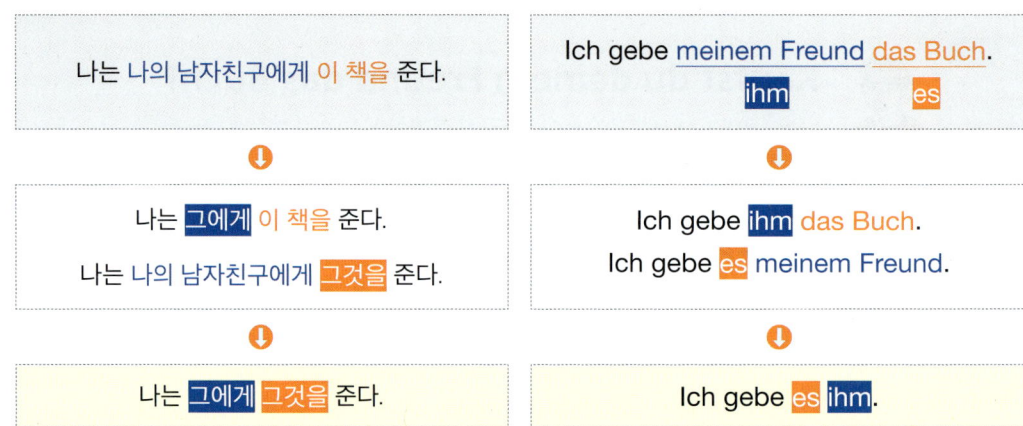

② 예문 2

③ 예문 3

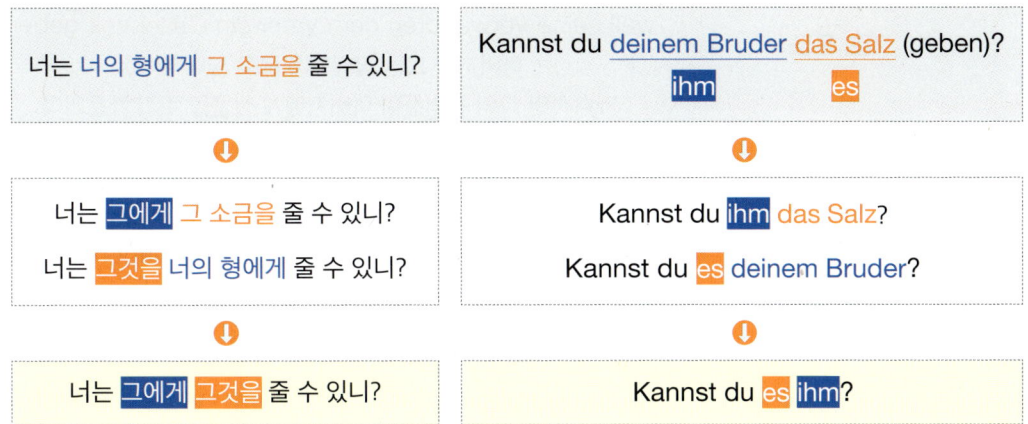

2) 도치/후치 문장의 배열

도치/후치 문장에서 명사인 주어가 다른 대명사와 함께 있을 때에는 대명사가 주어인 명사보다 앞에 옵니다.

3) 제시된 문장을 어순에 맞춰 배열하기

Der Vater möchte heute zu Hause bleiben,
weil seine Verwandten dem Vater ein Geschenk geben.
아버지는 오늘 집에 머무르고 싶어 한다,
왜냐하면 그의 친척들이 아버지에게 선물을 주기 때문이다.

| 기본 문장 | Der Vater möchte heute zu Hause bleiben, weil seine Verwandten dem Vater ein Geschenk geben.
아버지는 오늘 집에 머무르고 싶어 한다, 왜냐하면 그의 친척들이 아버지에게 선물을 주기 때문이다. |

| 1격 → 3격 → 4격 | Der Vater möchte heute zu Hause bleiben, weil sie dem Vater ein Geschenk geben.
아버지는 오늘 집에 머무르고 싶어 한다, 왜냐하면 그들이 아버지에게 선물을 주기 때문이다. |

| 대명사 우선의 법칙 | Der Vater möchte heute zu Hause bleiben, weil ihm seine Verwandten ein Geschenk geben.
아버지는 오늘 집에 머무르고 싶어 한다, 왜냐하면 그의 친척들이 그에게 선물을 주기 때문이다. |

| 대명사끼리 :
1격 → 4격 → 3격 | Der Vater möchte heute zu Hause bleiben, weil sie es ihm geben.
아버지는 오늘 집에 머무르고 싶어 한다, 왜냐하면 그의 친척들이 그에게 선물을 주기 때문이다. |

② 문장 만들기

Gefallen dir die Schuhe?

너에게 그 신발이 마음에 드니?

Das Kind ist glücklich, wenn ihm seine Mutter ein Spielzeug kauft.

그 아이는 행복하다, 그의 엄마가 그에게 장난감을 사 주면.

Gehört ihm das Haus?

그에게 이 집에 속해 있니?

Die Frau ist böse, weil ihr die Schuhe nicht passen.

그 여자는 화가 난다, 그 신발이 그녀에게 맞지 않아서.

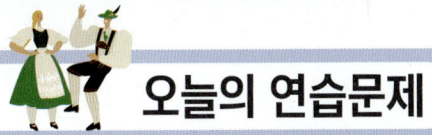

오늘의 연습문제

1 밑줄 친 명사를 대명사로 바꾸어 문장을 다시 쓰세요.

❶ Ich gebe dem Schüler das Buch.

➡ _____

❷ Sie schenkt dem Lehrer die Blume.

➡ _____

❸ Er kauft seinen Eltern das Auto.

➡ _____

2 다음 문장에서 틀린 부분을 찾아 올바르게 고치세요.

❶ Warum kaufst du die Blume ihr?

➡ _____

❷ Gefällt das Buch dir?

➡ _____

❸ Weil er das Buch mir gibt.

➡ _____

정답 p.224

Lektion 21 Kannst du es ihm geben? 157

Lektion 22

Ich hätte gern noch ein Bier.
맥주 하나 더 주세요.

🇩🇪 오늘의 학습 목표
- ✓ 접속법 2식

🇩🇪 오늘의 표현
- ✓ 맥주 하나 더 주세요.   Ich hätte gern noch ein Bier.
- ✓ 저 좀 도와주실 수 있나요?   Könnten Sie mir helfen?
- ✓ 넌 이제 공부하는 게 좋을 것 같은데.   Du solltest jetzt lernen.

🇩🇪 오늘의 단어

부유한, 부자의	reich	닫다	zumachen
다르게	anders	결혼하다	heiraten
곧	bald	슈닛첼	s. Schnitzel
여행하다	reisen	유리컵	s. Glas
양복	r. Anzug	콜라	e. Cola

오늘의 회화

#1

Könntest du mir bitte helfen?
나 좀 도와줄 수 있니?

Ja, was müsste ich machen?
응, 내가 뭘 해야 할까?

#2

Was würdest du haben?
너 뭐 갖고 싶니?

Ich würde eine Tasche haben.
저는 가방이 갖고 싶어요.

#3

Was nehmen Sie?
뭐 드시겠어요?

Ich hätte gern ein Schnitzel und ein Glas Cola bitte.
저는 슈닛첼 하나랑 콜라 한 잔 주세요.

#4

Ich wäre in Deutschland.
나는 독일에 있을 텐데.

Ich würde einen Ausflug machen.
소풍을 갈 텐데.

오늘의 학습 내용

❶ 접속법 2식

접속법 2식은 현실과 다른 상황, 가정, 또는 소망을 나타낼 때 사용하는 동사의 활용 형태입니다.

1) 접속법 2식의 용법

① 가정법 (비현실적 화법)

Ich bin reich.	나는 부자이다.
Ich wäre reich.	나는 부자일텐데. = 부자이고 싶다.

② 공손 화법

부탁, 요청, 질문 등을 더 부드럽게 만들 때 사용합니다.

Können Sie mir helfen?	저 좀 도와주실 수 있으세요?
Könnten Sie mir helfen?	저 좀 도와주실 수 있을까요?

③ 조심스러운 제안, 조언

제안, 조언 등을 더 조심스럽게 표현할 때 사용합니다.

Wir müssen das anders machen.	우리 다르게 해야 돼.
Wir müssten das anders machen.	우리 다르게 해야 될 것 같은데.

2) 접속법 2식 동사 만드는 법

동사의 과거형 떠올리기		불규칙 동사이면서 a, o, u 있을 때 → 변모음		접속법 어미 붙이기

❷ 접속법 2식 동사

1) 접속법 2식 어미

접속법 2식 형태의 동사 역시 주어에 따른 어미변화를 하며 화법조동사처럼 1인칭 단수와 3인칭 단수의 형태가 같습니다.

ich	-(e)	wir	-(e)n
du	-(e)st	ihr	-(e)t
er / sie / es	-(e)	sie / Sie	-(e)n

2) wär- 어미 변화

ich	wäre	wir	wären
du	wär(e)st	ihr	wär(e)t
er / sie / es	wäre	sie / Sie	wären

3) 접속법 2식 동사 만드는 법

순서	불규칙 동사			규칙 동사
동사의 과거형 떠올리기	kommen	können	fahren	machen
불규칙 동사이면서 a, o, u 있을 때 → 변모음	kam	konnte	fuhr	machte
접속법 어미 붙이기	käme..	könnte..	führe..	??

불규칙 동사는 지금까지 배운 방식으로 접속법 2식 동사를 만들 수 있지만, 규칙 동사는 직설법 과거형과 접속법 2식의 형태가 동일하기 때문에, 'würde + 동사원형' 형태를 더 자주 사용합니다.

③ würde + 동사원형

- 'würde + 동사원형' 형태는 대부분의 일반동사와 규칙동사를 접속법 2식으로 만들 때 자주 사용됩니다.
- werden 동사의 접속법 2식 형태인 'würde' 역시 주어에 따른 어미변화를 하며 화법조동사처럼 1인칭 단수와 3인칭 단수의 형태가 같습니다.

1) würde- 어미 변화

ich	würde	wir	würden
du	würdest	ihr	würdet
er / sie / es	würde	sie / Sie	würden

Ich würde morgen kommen.   내가 내일 올 텐데.
Du würdest mit dem Bus fahren.   너가 버스를 타고 갈 텐데.
Er würde Sport machen.   그가 운동을 할 텐데.
Wir würden bald reisen.   우리가 곧 여행을 할 텐데.
Würdet ihr Kaffee trinken?   너희 커피 마실래?
Sie würden das Auto kaufen.   그들이 그 차를 살 텐데.

2) 'würde + 동사원형'을 사용하지 않는 동사

아래 동사들은 원래 접속법 2식 형태를 사용하는 동사입니다.

동사원형		직설법 과거	접속법 2식
sein	~이다, ~있다	war	wäre
haben	~을 가지다	hatte	hätte
werden	~이 되다	wurde	würde
können	~할 수 있다	konnte	könnte

müssen	~해야 한다	musste	müsste
mögen	~을 하고 싶다	mochte	möchte
sollen	~해야 한다	sollte	sollte

④ 문장 만들기

Ich hätte gern noch ein Bier.   맥주 하나 더 주세요.

Ich möchte einen Anzug kaufen.   저는 양복을 하나 사고 싶은데요.

Er würde gern kommen.   그는 기꺼이 올 텐데.

Könnten Sie mir helfen?   저 좀 도와주시겠어요?

Ich wäre gern in Deutschland.   나는 기꺼이 독일에 있을 텐데.

Sie sollten eine Diät machen.   당신은 다이어트를 하시는 게 좋겠어요.

Wir könnten ins Kino gehen.   우리는 영화관에 갈 수 있을 것 같은데.

Ihr müsstet die Arbeit machen.   너희는 그 일을 해야 할 텐데.

Würdest du bitte das Fenster zumachen?   창문 좀 닫을래?

Das würde dir gefallen.   그것이 너의 마음에 들 텐데.

오늘의 연습 문제

1 밑줄 친 동사를 접속법 2식 형태로 바꿔 문장을 다시 써 보세요.

❶ Ich habe gern ein Eis bitte.

➡ _____

❷ Er ist jetzt in Berlin.

➡ _____

❸ Kannst du mir helfen?

➡ _____

❹ Sie kommt morgen.

➡ _____

2 빈칸에 들어갈 말을 보기에서 골라 쓰세요.

würdet　　möchte　　müssten　　solltest

❶ Was _____ ihr werden?

❷ Er _____ in Deutschland studieren.

❸ Du _____ gesund essen.

❹ Was _____ wir machen?

3 다음 접속법 2식 형태 동사의 원형을 써보세요.

① führe ➡ _____

② wärst ➡ _____

③ würden ➡ _____

독일 여행 Tipp!

드레스덴의 보석 같은 장소, 츠빙거 궁전

츠빙거Zwinger 궁전은 드레스덴의 상징적인 랜드마크 중 하나로, 거대한 바로크 양식의 정원과 궁전이 어우러진 복합문화공간이에요. 넓은 분수 광장을 중심으로 펼쳐진 궁전 건물들은 조각 하나하나까지 정교하게 꾸며져 있고, 사계절 내내 아름다운 정원을 자랑합니다.

내부에는 알테 마이스터 회화관이 있어, 렘브란트, 루벤스 같은 거장들의 작품을 감상할 수 있어요. 계절마다 다르게 꾸며지는 정원과 분수대도 산책하기 좋아, 예술과 자연을 함께 즐기기에 완벽한 장소예요.

정답 p.224

MP3 바로 듣기

Lektion 23
Wiederholung
17~22강 복습

🇩🇪 오늘의 학습 목표
- ✓ welch- 복습하기
- ✓ was für ein- 복습하기
- ✓ 서수, 날짜 묻고 답하기 복습하기
- ✓ 시간 4격 부사구 복습하기
- ✓ 접속법 2식 복습하기

🇩🇪 오늘의 표현
- ✓ 어떤 맥주가 너에게 가장 맛있니?
  Welches Bier schmeckt dir am besten?
- ✓ 그게 나의 첫 맥주였어.
  Das war mein erstes Bier.
- ✓ 나는 매주 토요일에 맥주를 마셔.
  Ich trinke jeden Samstag Bier.
- ✓ 그럼 우리 한번 같이 맥주 마실 수 있을 것 같은데.
  Dann könnten wir mal zusammen Bier trinken.

오늘의 회화

Laura, welches Bier schmeckt dir am besten?
라우라, 너는 어떤 맥주가 가장 맛있어?

Ich mag das Altbier. Das war mein erstes Bier.
나는 알트비어를 좋아해. 그게 내 첫 맥주였어.

Ach so, wie oft trinkst du Bier?
아 그렇구나, 넌 얼마나 자주 맥주를 마셔?

Ich trinke jeden Samstag Bier.
나는 매주 토요일 맥주를 마셔.

Dann könnten wir mal zusammen Bier trinken.
그럼 우리 한번 같이 맥주 마실 수 있을 것 같은데.

schmecken 맛이 나다 | **am besten** 가장 잘 | **s. Altbier** 알트비어 (독일의 흑맥주 종류)

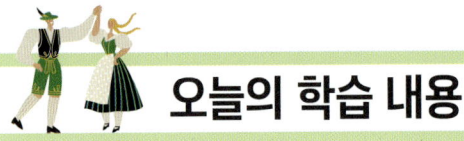

오늘의 학습 내용

1 welch- (어떤)

- 명사의 성, 수, 격에 따라 정관사 어미변화
- 정해진 것들 중 선택할 경우 질문, 정관사로 대답해야 함

1) welch- 어미변화

	남성	여성	중성	복수
1격	welcher	welche	welches	welche
2격	welches	welcher	welches	welcher
3격	welchem	welcher	welchem	welchen
4격	welchen	welche	welches	welche

2) welch- 활용법

전치사 + welch- + 명사	welch- + (명사)
전치사의 격 지배에 따라 어미변화	뒤에 올 명사 생략 가능 어미 변화는 명사를 생략하기 전과 동일

2 was für ein- (어떤 종류의)

- 명사의 성, 수, 격에 따라 부정관사 어미변화
- 뒤에 복수 명사가 오면 ein 빼고 was für만 사용, 부정관사로 대답해야 함

1) was für ein- 어미변화

	남성	여성	중성	복수
1격	was für ein	was für eine	was für ein	was für
2격	was für eines	was für einer	was für eines	was für
3격	was für einem	was für einer	was für einem	was für
4격	was für einen	was für eine	was für ein	was für

2) was für ein- 활용법

전치사 + was für ein- + 명사	was für ein- + (명사)
전치사의 격 지배에 따라 어미변화	뒤에 올 명사 생략 가능 어미 변화가 약간 달라짐

	남성	여성	중성	복수
1격	was für einer	was für eine	was für eines	was für welche
2격	was für eines	was für einer	was für eines	was für welcher
3격	was für einem	was für einer	was für einem	was für welchen
4격	was für einen	was für eine	was für eines	was für welche

❸ 서수

1~19	20 이상의 수
기수 + t	기수 + st

첫 번째	erst	일곱 번째	siebt
두 번째	zweit	여덟 번째	acht
세 번째	dritt	아홉 번째	neunt
네 번째	viert	열 번째	zehnt
다섯 번째	fünft	스무 번째	zwanzigst
여섯 번째	sechst	서른 번째	dreißigst

④ 날짜 묻고 답하기

날짜 묻기	1격	Der Wievielte ist heute?
	4격	Den Wievielten haben wir heute?
날짜 대답	1격	Heute ist der 서수e + 월 이름.
	4격	Heute haben wir den 서수en + 월 이름.
몇 월 며칠 '에'		am 서수en + 월

⑤ 시간 4격 부사구

1) ~마다, ~에 한 번 : alle + 기수 + 복수명사 (4격 부사구)

alle	기수	복수명사
alle	zwei	Tage

2) ~마다, ~에 한 번 : jed_ + 서수 + 단수명사 (4격 부사구)

- 'jed-' 뒤에 오는 서수에는 형용사 약변화표의 4격 어미가 붙습니다.

jed_	서수	단수명사
jeden	zweiten	Tag

⑥ 목적어의 배열

- 주어 동사 외에 3격, 4격 목적어를 배열하는 순서?

명사끼리	대명사 + 명사	대명사끼리
3격 → 4격	대명사 → 명사	4격 → 3격

7 접속법 2식

1) 접속법 2식 동사 만드는 법

- 원칙 : 동사의 과거형 떠올리기 → 불규칙 동사이면서 a, o, u 있으면 변모음 → 주어에 따른 어미변화
- 대안 : (대부분의 일반동사 및 규칙동사) würde + 동사원형

ich	-(e)	wir	-(e)n
du	-(e)st	ihr	-(e)t
er / sie / es	-(e)	sie / Sie	-(e)n

2) 원래 접속법 2식 형태를 사용하는 동사

동사원형	직설법 과거	접속법 2식
sein	war	wäre
haben	hatte	hätte
werden	wurde	würde
können	konnte	könnte
müssen	musste	müsste
mögen	mochte	möchte
sollen	sollte	sollte

복습 퀴즈! 제시된 빈칸을 채워 보세요.

1. _____ Kleid möchtest du kaufen?   어떤 원피스를 사고 싶니?
   Das schwarze oder das weiße?   검정색 아니면 흰색?
2. _____ Wein brauchen Sie?   어떤 종류의 와인이 필요하신가요?
3. Heute ist der _____ September.   오늘은 9월 3일이다.
4. Ich schwimme _____ Tage.   나는 이틀에 한 번 수영을 한다.
5. Er _____ das Auto kaufen.   그는 그 차를 살 텐데.

[정답] 1. Welches | 2. Was für einen | 3. dritte | 4. alle zwei | 5. würde

실전 Test

1 우리말 해석을 참고해서 빈칸에 알맞은 형태의 의문사를 적어보세요.

❶ _____ Genre von Film magst du? Krimi oder Komödie?

너는 어떤 장르의 영화를 좋아하니? 범죄물 아니면 코미디?

❷ _____ Käse essen Sie gern?

당신은 어떤 종류의 치즈를 즐겨 드시나요?

❸ _____ Farbe hat dein neues Auto?

네 새 차는 무슨 색이야?

❹ _____ Bücher liest du am liebsten?

너는 어떤 종류의 책들을 가장 즐겨 읽니?

2 우리말 해석을 참고해서 빈칸에 알맞은 형태의 서수를 적어보세요.

❶ Der Tag der deutschen Einheit ist der _____ Oktober.

독일 통일의 날은 10월 3일이다.

❷ Ich wohne im _____ Stock.

나는 7층에 산다.

❸ Er wäscht seine Haare jeden _____ Tag.

그는 이틀에 한 번 머리를 감는다.

❹ Ich habe am _____ Oktober Geburtstag.

나는 10월 1일에 생일이야.

3 우리말 해석을 참고해서 빈칸에 알맞은 시간 4격 부사구를 적어보세요.

❶ _____ putzt er die Zähne.

매일 그는 이를 닦는다.

❷ Ich denke _____ an dich.

나는 *하루 종일* 너를 생각해.

❸ _____ habe ich einen wichtigen Termin.

다음 주에 나는 중요한 일정이 있다.

❹ Das Konzert findet _____ statt.

그 연주회는 *매년* 개최됩니다.

4 다음 문장은 무슨 뜻일까요?

❶ Hätte ich viel Geld!

ⓐ 나는 많은 돈을 가지고 있었다.

ⓑ 나는 많은 돈을 가지고 있다.

ⓒ 내가 많은 돈을 가지고 있더라면 좋았을 텐데 돈이 없다.

❷ Würde ich gut Deutsch sprechen!

ⓐ 나는 독일어를 잘 하게 될 것이다.

ⓑ 나는 독일어를 잘 하게 되었었다.

ⓒ 내가 독일어를 잘 하면 좋겠지만 잘 못한다.

정답 p.224

Ich glaube, dass ihr mehr Deutsch lernen solltet.
난 너희들이 독일어 공부를 더 해야 한다고 생각해.

MP3 바로 듣기

🇩🇪 오늘의 학습 목표
- ✓ dass 절

🇩🇪 오늘의 표현
- ✓ 난 너희들이 독일어 공부를 더 해야 한다고 생각해.
  Ich finde, dass ihr mehr Deutsch lernen solltet.
- ✓ 정직하다는 건 중요해.
  Es ist wichtig, dass man ehrlich ist.
- ✓ 네가 내일 오기를 바라.
  Ich hoffe, dass du morgen kommst.

🇩🇪 오늘의 단어

중요한	wichtig	비어 있는	leer
어려운, 무거운	schwer	놀라움	s. Wunder
어려운	schwierig	기쁜	froh
파티하다	feiern	정직한	ehrlich
함께하다	dabei sein	바라다, 희망하다	hoffen

오늘의 회화

Schön, dass du gekommen bist.
네가 와서 좋아.

Ja, ich bin auch froh.
응, 나도 좋아.

Wie findest du Deutsch?
독일어를 어떻게 생각해?

Es ist schwer, dass man Deutsch lernt.
독일어를 배우는 것은 어려워.

Was weißt du noch?
넌 뭘 더 알고 있어?

Ich weiß, dass sie morgen kommt.
그녀가 내일 올 거라는 걸 알아.

Lektion 24 Ich glaube, dass ihr mehr Deutsch lernen solltet.

오늘의 학습 내용

1 dass 절

1) dass의 의미

- dass(~라는 것)는 두 문장을 이어줄 때 사용하는 종속접속사입니다. 따라서 dass가 이끄는 문장의 동사는 문장의 맨 끝에(후치) 위치합니다.
- dass 절은 주어(~하는 것은), 목적어(~하는 것을), 전치사격 목적어(전치사의 의미에 대입하여 해석) 등으로 다양하게 활용될 수 있습니다.

2) dass 절 만들기

> (앞 문장), dass + 주어 + ... + 동사.

① 예문 1

| Es ist wichtig. 그것은 중요하다. | | Du lernst mehr Deutsch. 너는 독일어를 더 많이 배운다. |

> Es ist wichtig, dass du mehr Deutsch lernst.
> 네가 독일어를 더 배우는 것은 중요하다.

② 예문 2

| Es ist klar. 그것은 분명하다. | | Es wird morgen regnen. 내일 비가 올 것이다. |

> Es ist klar, dass es morgen regnen wird.
> 내일 비가 올 거라는 것은 분명하다.

③ 예문 3

Ich weiß.		Wir haben morgen eine wichtige Prüfung.
나는 안다.		우리는 내일 중요한 시험이 있다.

Ich weiß, dass wir morgen eine wichtige Prüfung haben.
나는 내일 우리가 중요한 시험이 있다는 것을 안다.

④ 예문 4

Ich finde es gut.		Ihr macht eine große Party.
나는 그것이 좋다고 생각한다.		너희는 큰 파티를 연다.

Ich finde es gut, dass ihr eine große Party macht.
나는 너희가 큰 파티를 여는 것을 좋다고 생각한다.

② 문장 만들기

Es ist schwer, dass man Deutsch lernt.
독일어를 배우는 것은 어렵다.

Ich finde es schwierig, dass man Deutsch lernt.
나는 독일어를 배우는 것을 어렵다고 생각한다.

Ich weiß, dass du gestern gefeiert hast.
나는 네가 어제 파티한 것을 알고 있어.

Ich finde es schön, dass du dabei bist.
네가 함께 해서 좋다고 생각해.

Schade, dass ihr jetzt schon gehen müsst.
너희들이 지금 가야 한다니 아쉽다.

Er hat gesehen, dass mein Glas leer war.
그는 나의 잔이 비어 있는 것을 봤다.

Es ist ein Wunder, dass sie kommt.
그녀가 온다니 놀라워.

Ich sagte, dass ich keine Zeit habe.
나는 말했다, 내가 시간이 없다고.

오늘의 연습문제

1 두 문장을 dass로 연결하여 한 문장으로 만드세요.

❶ Es ist wichtig. + Man isst gesund.

➡ _____

❷ Ich verspreche es dir. + Ich komme morgen zur Party.

➡ _____

❸ Er weiß. + Sie hat das gesehen.

➡ _____

2 다음 문장에서 틀린 부분을 찾아 올바르게 고치세요.

❶ Schade, dass ihr müsst jetzt gehen.

➡ _____

❷ Ich weiß, dass du morgen eine wichtige Prüfung haben.

➡ _____

3 다음 문장을 우리말로 해석하세요.

❶ Es ist sehr wichtig, dass ich gut Deutsch spreche.

➡ _____

❷ Er hat es gesehen, dass sie die Hausaufgaben gemacht hat.

➡ _____

정답 p.225

Lektion 24 Ich glaube, dass ihr mehr Deutsch lernen solltet.

Ich hoffe, bald perfekt Deutsch zu sprechen.
내가 곧 독일어를 완벽하게 말하기를 바라.

MP3 바로 듣기

오늘의 학습 목표
- zu 부정사

오늘의 표현
- 내가 곧 독일어를 완벽하게 말할 수 있기를 바라.
  Ich hoffe, bald perfekt Deutsch zu sprechen.
- 독일에서 일을 찾는 것은 간단하지 않아.
  Es ist nicht einfach, in Deutschland einen Job zu finden.
- 그녀는 내일 일찍 일어나기를 시도한다.
  Sie versucht, morgen früh aufzustehen.

오늘의 단어

완벽한	perfekt	간단한	einfach
생각, 마음	e. Lust	일	r. Job
연습하다	üben	닫다	zumachen
일찍	früh	잊다	vergessen
제안하다	vorschlagen	시작하다	anfangen

 오늘의 회화

#1

 **Wann hast du angefangen, Deutsch zu lernen?**
넌 언제 독일어 배우는 것을 시작했어?

 **Vor drei Monaten.**
세 달 전에.

#2

 **Wie findest du Deutsch?**
독일어를 어떻게 생각해?

 **Es ist schwer, Deutsch zu lernen.**
독일어를 배우는 것은 어려워.

#3

 **Warum lernst du nicht?**
너는 왜 공부를 안 해?

 **Ich habe keine Zeit, zu lernen.**
공부할 시간이 없어.

오늘의 학습 내용

① zu 부정사

> zu + 동사원형

zu 부정사는 우리말의 '~하는 것', '~하기 위해', '~하는 데'에 해당하는 문법 구조입니다. zu 부정문은 일반적인 사실, 행위 자체를 강조할 때 많이 사용됩니다.

1) dass절을 zu 부정사로 만드는 법

| dass 삭제 | ➡ | 주어 삭제
(주절과 같거나
일반적 주어일 때) | ➡ | 맨 뒤에
zu + 동사원형 쓰기 |

2) 예문으로 익히기

| Es ist wichtig.
그것은 중요하다. | ➕ | Man lernt Deutsch.
사람들은 독일어를 배운다. |

Es ist wichtig, dass man Deutsch lernt.
사람들이 독일어를 배우는 것은 중요하다.
(일반적 주어 '사람들')

dass, 주어 삭제!

Es ist wichtig, Deutsch zu lernen.
독일어를 배우는 것은 중요하다.

3) dass절을 zu 부정사로 바꿀 수 없는 경우

두 문장의 주어가 다를 때는 dass절을 zu 부정사로 바꿀 수 없습니다.

① 예문 1

Ich weiß.	Wir haben morgen eine wichtige Prüfung.
나는 안다.	우리는 내일 중요한 시험이 있다.

Ich weiß, dass wir morgen eine wichtige Prüfung haben.
나는 내일 우리가 중요한 시험이 있다는 것을 안다.

② 예문 2

Ich finde es gut.	Ihr macht eine große Party.
나는 그것이 좋다고 생각한다.	너희는 큰 파티를 연다.

Ich finde es gut, dass ihr eine große Party macht.
나는 너희가 큰 파티를 여는 것을 좋다고 생각한다.

❷ 문장 만들기

Es ist schwer, Deutsch zu lernen.
독일어를 배우는 것은 어렵다.

Ich finde es schwierig, Deutsch zu lernen.
나는 독일어를 배우는 것을 어렵다고 생각한다.

Schön, dich zu sehen.
너를 보니 좋다.

Ich hoffe, bald perfekt Deutsch zu sprechen.
내가 곧 완벽하게 독일어를 말하기를 바란다.

Ich habe Lust, mit dir einen Film zu sehen.
나는 너와 함께 영화 볼 생각이 있다.

Er hat keine Zeit, Klavier zu üben.
그는 피아노 연습할 시간이 없다.

Sie versucht, morgen früh aufzustehen.
그녀는 내일 일찍 일어나기를 시도한다.

Ich schlage vor, zusammen ins Kino zu gehen.
같이 영화관에 갈 것을 제안한다.

Es ist nicht einfach, in Deutschland einen Job zu finden.
독일에서 일을 찾는 것은 간단하지 않다.

Ich habe vergessen, das Fenster zuzumachen.
나는 창문 닫는 것을 잊었다.

Wir haben vor zwei Monaten angefangen, Deutsch zu lernen.
우리는 두 달 전에 독일어 배우기를 시작했다.

오늘의 연습문제

1 다음 문장들을 zu 부정사 구문으로 바꿔 쓰세요.

① Es ist wichtig, dass man Deutsch lernt.

➡ _____

② Ich finde es gut, dass ich in den Ferien viel reise.

➡ _____

③ Er hat keine Zeit, dass er heute ausgeht.

➡ _____

2 다음 문장에서 틀린 부분을 찾아 올바르게 고치세요.

① Ich hoffe, bald gut Deutsch sprechen.

➡ _____

② Sie versucht, morgen früh zu aufstehen.

➡ _____

3 다음 문장들을 독일어로 쓰세요.

① 독일어를 배우는 것은 재미있다.

➡ _____

② 나는 창문 닫는 것을 잊었다.

➡ _____

정답 p.225

Lektion 25 Ich hoffe, bald perfekt Deutsch zu sprechen. **185**

Lektion 26

Ich ziehe mich an und kämme mich.
나는 옷을 입고 머리를 빗는다.

MP3 바로 듣기

🇩🇪 오늘의 학습 목표
- ✓ 재귀대명사와 재귀동사

🇩🇪 오늘의 표현
- ✓ 나는 옷을 입고 머리를 빗는다.   Ich ziehe mich an und kämme mich.
- ✓ 너는 서둘러야 해.   Du musst dich beeilen.
- ✓ 그녀는 손을 씻는다.   Sie wäscht sich die Hände.

🇩🇪 오늘의 단어

손 씻다	sich die Hände waschen	화장하다	sich schminken
옷 입다	sich anziehen	세수하다	sich das Gesicht waschen
머리 빗다	sich kämmen	화내다	sich ärgen
면도하다	sich rasieren	기뻐하다	sich freuen
샤워하다	sich duschen	서두르다	sich beeilen
양치하다	sich die Zähne putzen	앉다	sich setzen

오늘의 회화

#1

Was machst du am Morgen?
너는 아침에 뭐해?

Ich wache mir das Gesicht und ziehe mich an.
나는 세수하고 옷 입어.

#2

Ärgert er sich?
그는 화내니?

Nein, er ärgert sich nicht.
아냐, 그는 화 안 내.

#3

Du musst dich beeilen.
너는 서둘러야 해.

Ja, ich muss mich zuerst setzen.
응, 난 우선 앉아야 돼.

오늘의 학습 내용

1 재귀의 의미

1) 재귀대명사란?

주어의 행동이 목적어에 돌아올 때, 그 목적어로 쓰이는 대명사를 재귀대명사라고 합니다.

Ich wasche **mich**.   나는 나 자신을 씻는다.

2) 재귀동사란?

재귀동사는 자신에게 어떤 행동이 돌아오는 동사로, 재귀대명사를 함께 사용하는 동사입니다. 독일어 동사에는 재귀동사로만 사용되는 동사와 재귀동사로도 사용되는 동사가 있습니다.

Ich setze **mich**.   나는 나를 앉힌다. (=나는 앉는다.)

Du freust **dich**.   너는 너를 기쁘게 한다. (=너는 기쁘다.)

2 재귀대명사

1) 재귀대명사의 형태

재귀대명사는 인칭에 따라 형태가 달라지며, 문장에서 4격 형태로 쓰입니다. 다만, 문장에 이미 4격 목적어가 있는 경우에는 3격 형태의 재귀대명사가 옵니다.

ich	mir (3격)	wir	uns
	mich (4격)		
du	dir (3격)	ihr	euch
	dich (4격)		
er / sie / es	sich	sie / Sie	sich

★TIPP 1인칭 단수(ich)와 2인칭 단수(du)를 제외하고는 재귀대명사의 3격과 4격의 형태가 같습니다.

2) 재귀대명사의 격

① 재귀대명사는 주로 4격이 많이 사용됩니다.

일반동사	Er wäscht das Baby. 그는 아기를 씻긴다.
재귀동사	Er wäscht sich. 그는 자기 자신을 씻는다.

위에서 두 번째 예문은 재귀동사가 사용된 문장입니다. 즉, 자기 자신에게 행동이 향하는 구조이기 때문에 sich라는 4격 재귀대명사를 사용합니다. 반면 아래 예문은 재귀동사 용법이 아닙니다.

일반동사	Er wäscht ihn. 그는 그(타인)를 씻긴다.

이처럼 재귀대명사와 일반 대명사를 구분하는 것이 중요합니다.

② 재귀대명사 3격이 사용되는 경우

문장에 다른 4격 목적어가 이미 있을 경우, 재귀대명사는 3격으로 사용됩니다.

일반동사	Ich wasche dem Kind die Hände. 나는 그 아이의 손을 씻긴다.
재귀동사	Ich wasche mir die Hände. 나는 나의 손을 씻는다.

위 문장에서 4격 목적어인 'die Hände'가 있기 때문에, 재귀동사가 사용된 문장에서는 3격 재귀대명사가 사용되었습니다.

> **이것만은 꼭!**
>
> 3인칭 단수(er, sie, es)와 복수(sie), 그리고 존칭(Sie)의 재귀대명사는 모두 sich입니다. 나머지 인칭에서는 재귀대명사가 인칭대명사의 3, 4격 형태와 같습니다. 따라서 sich는 재귀대명사의 대표형으로 쓰이며, 사전에서 동사 앞에 sich가 표시되어 있으면 그 동사는 재귀동사임을 의미합니다.

❸ 재귀동사

재귀동사	뜻	재귀동사	뜻
sich⁴ anziehen	옷 입다	sich⁴ kämmen	머리 빗다
sich⁴ rasieren	면도하다	sich⁴ duschen	샤워하다
sich⁴ waschen	씻다	sich⁴ schminken	화장하다
sich³ die Zähne putzen	양치하다	sich³ das Gesicht waschen	세수하다

Ich **ziehe** mich **an**. 나는 옷을 입는다.

Du **kämmst** dich. 너는 머리를 빗는다.

Er **rasiert** sich. 그는 면도를 한다.

Sie **duscht/wäscht** sich. 그녀는 샤워를 한다.

Ich **putze** mir die Zähne. 나는 양치를 한다.

Wir **schminken** uns. 우리는 화장을 한다.

Wascht ihr euch das Gesicht? 너희는 세수하니?

재귀동사	뜻	재귀동사	뜻
sich⁴ ärgern	화내다	sich⁴ freuen	기뻐하다
sich⁴ beeilen	서두르다	sich⁴ setzen	앉다

Er **ärgert** sich. 그는 화가 난다.

Ich **freue** mich. 나는 기쁘다.

Du musst dich **beeilen**. 너는 서둘러야 한다.

Sie können sich **setzen**. 당신은 앉으셔도 됩니다.

오늘의 연습문제

1 다음 재귀대명사 표를 완성하세요.

ich	❶ _____(3격) mich (4격)	wir	❹
du	❷ _____(3격) dich (4격)	ihr	euch
er / sie / es	❸	sie / Sie	❺

2 빈칸에 알맞은 재귀대명사를 쓰세요.

❶ Ich wasche _____.

❷ Rasierst du _____ jeden Tag?

❸ Warum kämmt sie _____ nicht?

❹ Ihr sollt _____ das Gesicht waschen.

3 다음 문장들을 독일어로 쓰세요.

❶ 우리는 화장을 한다.

➡ _____

❷ 당신은 여기 앉으셔도 됩니다.

➡ _____

❸ 너는 서둘러야 해.

➡ _____

정답 p.225

Lektion 27

Wissen Sie, wo die Toilette ist?
화장실이 어디 있는지 아시나요?

MP3 바로 듣기

🇩🇪 오늘의 학습 목표
- ✓ 간접의문문

🇩🇪 오늘의 표현
- ✓ 화장실이 어디 있는지 아시나요? Wissen Sie, wo die Toilette ist?
- ✓ 그게 뭔지 나한테 말해줄 수 있어? Kannst du mir sagen, was das ist?
- ✓ 그녀가 내일 올지 그가 나에게 묻는다. Er fragt mich, ob sie morgen kommt.

🇩🇪 오늘의 단어

화장실	e. Toilette	배낭	r. Rucksack
결혼한	verheiratet	설명하다	erklären
강좌	r. Kurs	결정하다	sich entscheiden
중앙역	r. Hauptbahnhof	물어보다	fragen

오늘의 회화

#1

Wissen Sie, wo die Toilette ist?
화장실이 어디에 있는지 아시나요?

Ja, da unten.
네, 저 밑에 있어요.

#2

Kannst du mir sagen, was das ist?
그게 뭔지 나에게 말해줄 수 있어?

Ja, natürlich!
응, 그럼!

#3

Sie fragt mich, ob ich morgen komme.
그녀가 내가 내일 올지 나에게 묻는다.

Ich möchte das auch wissen.
나도 그걸 알고 싶어.

오늘의 학습 내용

1 직접의문문 vs. 간접의문문

1) 의문사가 있는 경우

간접의문문에서 의문사는 종속접속사의 역할도 동시에 합니다. 즉, 의문사가 종속절을 이끄는 접속사처럼 사용되며, 그 결과로 종속절의 동사는 문장의 맨 끝으로 이동(후치)하게 됩니다.

직접의문문

> 의문사 + 동사 + 주어 …?
>
> Wo ist die Toilette?
> 화장실이 어디에 있나요?

간접의문문

> 주문장 + 의문사 + 주어 … 동사?
>
> Wissen Sie, wo die Toilette ist?
> 화장실이 어디에 있는지 아시나요?

2) 의문사가 없는 경우

의문사 없는 간접의문문은 종속접속사 'ob (~인지 아닌지)'을 사용합니다. 이때, 종속절의 동사는 마찬가지로 문장의 맨 끝으로 이동(후치)하게 됩니다.

직접의문문

> 동사 + 주어 …?
>
> Ist er verheiratet?
> 그는 결혼했나요?

간접의문문

> 주문장 + 의문사 + 주어 … 동사?
>
> Wissen Sie, ob er verheiratet ist?
> 당신은 그가 결혼했는지 아시나요?

Ich möchte wissen, ob sie mich mag.
나는 그녀가 나를 좋아하는지 알고 싶다.

Können Sie mir sagen, wann der Kurs beginnt?
저에게 그 강좌가 언제 시작하는지 말씀해 주실 수 있나요?

Ich weiß, was du letzten Sommer gemacht hast.
나는 네가 지난 여름에 한 일을 알고 있다.

Wissen Sie, wie ich zum Hauptbahnhof komme?
중앙역으로 어떻게 가는지 아시나요?

❷ 의문사 정리

누가	wer	무엇을	was
언제	wann	왜	warum
어떻게	wie	어디서	wo

1) 의문사 'wer' 정리

누가	wer	누구에게	wem
누구의	wessen	누구를	wen

TIPP 의문사 중에서도 '의문대명사'인 'wer'는 격에 따라 형태가 바뀝니다.

Weißt du, wer der Mann ist?
너는 그 남자가 누군지 아니?

Ich weiß nicht, wessen Rucksack das ist.
나는 그것이 누구의 배낭인지 모른다.

Er sagt mir nicht, wem er das Geschenk gibt.
그는 나에게 그 선물을 누구에게 줄 건지 말하지 않는다.

Ich weiß, wen du liebst.
나는 네가 누구를 사랑하는지 알고 있다.

2) 의문사 'wo' 정리

어디에	wo	어디로	wohin
어디로부터	woher		

★TIPP 의문사 'wo'는 정지 상태의 위치나 장소를 나타내고, 의문사 'woher'는 출처 및 출신의 의미, 'wohin'은 이동의 의미를 내포하고 있습니다.

Es ist wichtig, wo du studieren wirst.
네가 어디에서 대학을 다닐 지가 중요하다.

Sie erklärt uns, woher der Lehrer kommt.
그녀가 우리에게 그 선생님이 어디에서 오셨는지 설명한다.

Er hat sich noch nicht entschieden, wohin er in Urlaub fährt.
그는 아직 결정하지 못했다, 어디로 휴가를 갈지.

MEMO

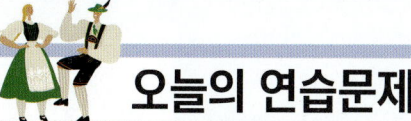

오늘의 연습문제

1 다음 문장들을 한 문장으로 연결하여 간접의문문을 만드세요.

❶ Wissen Sie? + Wo ist der Hauptbahnhof?

➡ _____

❷ Ich weiß. + Was hast du gestern gemacht?

➡ _____

❸ Er sagt nicht. + Wer ist die Frau?

➡ _____

❹ Ich möchte wissen. + Ist er verheiratet?

➡ _____

2 다음 문장들을 독일어로 쓰세요.

❶ 당신은 어디에서 오셨는지 말해주실 수 있나요?

➡ _____

❷ 그는 그녀가 그를 사랑하는지 알고 싶다.

➡ _____

❸ 너는 내일 언제 오는지 말해줄 수 있니?

➡ _____

Lektion 28

Ich möchte ein Handy kaufen, das nicht so teuer ist.
나는 별로 비싸지 않은 핸드폰을 사고 싶다.

MP3 바로 듣기

🇩🇪 오늘의 학습 목표
✓ 관계대명사 1

🇩🇪 오늘의 표현
✓ 나는 비싸지 않은 핸드폰을 사고 싶어.
   Ich möchte ein Handy kaufen, das nicht so teuer ist.
✓ 이 사람이 그녀가 정말 사랑하는 남자야.
   Das ist der Mann, den sie so sehr liebt.
✓ 나는 오늘 내가 도와주었던 사람들을 만난다.
   Ich treffe heute die Leute, denen ich geholfen habe.

🇩🇪 오늘의 단어

직원	r. Mitarbeiter	파일럿	r. Pilot
과제	e. Aufgabe	친척	r. / e. Verwandte
고마워하다	danken	만족하는	zufrieden
수프	e. Suppe	사진 찍다	Fotos machen

오늘의 회화

#1

 **Wer ist der Mann?**
그 남자는 누구야?

 **Das ist der Mann, den sie so sehr liebt.**
그 남자가 그녀가 매우 사랑하는 남자야.

#2

 **Wen triffst du heute?**
너는 오늘 누구를 만나니?

 **Ich treffe heute die Leute, denen ich geholfen habe.**
나는 오늘 내가 도와주었던 사람들을 만나.

#3

 **Was ist das Auto, das auf dem Bild ist?**
사진에 있는 이 차는 뭐야?

 **Das ist das Auto, das ich früher verkauft habe.**
그건 내가 예전에 팔았던 차야.

오늘의 학습 내용

① 관계대명사 1

1) 관계대명사의 용법

관계대명사는 중복된 명사를 줄이고, 두 문장을 하나로 연결해주는 역할을 합니다. 이때 관계대명사는 종속접속사처럼 작용하며, 종속절을 이끌게 됩니다.

2) 관계대명사가 있는 문장의 특징

- 관계대명사가 있는 문장에는 반드시 주문장이 필요하므로, 관계절은 종속절이 됩니다. 따라서 관계대명사가 있는 문장에서 동사는 후치됩니다.
- 선행사 바로 뒤에 관계절이 오는 것이 일반적입니다.

② 관계대명사의 형태

	남성	여성	중성	복수
1격	der	die	das	die
2격	dessen	deren	dessen	deren
3격	dem	der	dem	denen
4격	den	die	das	die

*TIPP 관계대명사의 형태는 정관사와 매우 유사합니다. 일부 다른 부분도 있으니 이 부분을 주의깊게 봐 주세요!

③ 관계대명사 문장 만들기

성과 수	격
선행사(앞에 오는 명사)가 결정	문장 내에서 몇 격으로 쓰였는지 파악

1) 여성 1격 관계대명사 활용 예문

여성 단수	여성 1격
Ich kenne die Frau. 나는 그 여자를 안다.	Die Frau arbeitet als Lehrerin. 그 여자는 교사로 일한다.

Ich kenne die Frau, die als Lehrerin arbeitet.
나는 교사로 일하는 그 여자를 안다.

2) 남성 4격 관계대명사 활용 예문

남성 단수	남성 4격
Er ist der Verkäufer. 그는 그 판매원이다.	Ich kenne den Verkäufer. 나는 그 판매원을 안다.

Er ist der Verkäufer, den ich kenne.
그는 내가 아는 그 판매원이다.

3) 중성 2격 관계대명사 활용 예문

중성 단수	중성 소유격 → 2격
Das Kind hat Hunger. 그 아이는 배가 고프다.	Seine Mutter ist krank. 그의 어머니는 아프다.

Das Kind, dessen Mutter krank ist, hat Hunger.
어머니가 아픈 그 아이는 배가 고프다.

 TIPP 소유관사가 있는 소유격은 2격의 관계대명사를 사용합니다.

❹ 다양한 관계대명사 문장 만들기

1) 남성명사

Das ist der neue Mitarbeiter, der aus Korea kommt.
이 분이 한국에서 온 새로운 직원입니다.

Sie hat einen Freund, dessen Vater Deutscher ist.
그녀는 아버지가 독일인인 남자친구가 한 명 있다.

Er ist mein Onkel, dem das Haus gehört.
그는 나의 삼촌인데, 이 집은 그에게 속해 있다. (그의 것이다)

Das ist der Tisch, den ich gestern gekauft habe.
이것이 내가 어제 산 테이블이다.

2) 여성명사

Wir haben die Aufgabe, die nicht leicht ist.
우리는 쉽지 않은 과제를 가지고 있다.

Ich sehe eine Frau, deren Augen blau sind.
나는 눈이 파란 한 여자를 보고 있다.

Das ist die Lehrerin, der ich am meisten danke.
이 분이 내가 가장 많이 감사하는 여선생님이다.

Das ist die Suppe, die ich gestern gekocht habe.
이게 내가 어제 요리한 수프야.

3) 중성명사

Ich möchte ein Handy kaufen, das nicht so teuer ist.
나는 별로 비싸지 않은 핸드폰을 사고 싶어.

Wir kennen das Kind, dessen Vater Pilot ist.
우리는 그의 아빠가 파일럿인 그 아이를 알고 있다.

Er trifft das Mädchen, dem er geholfen hat.
그는 그가 도와주었던 그 소녀를 만난다.

Du hast das Buch, das ich gelesen habe.
너는 내가 읽었던 책을 가지고 있다.

4) 복수명사

Die Leute, die dort stehen, sind meine Verwandten.
저기 서 있는 사람들이 나의 친척들이다.

Die Kinder, deren Eltern reich sind, kommen heute.
오늘 그들의 부모님이 부자인 그 아이들이 온다.

Die Gäste, denen die Party gefällt, sind zufrieden.
이 파티가 마음에 든 그 손님들은 만족스러워 한다.

Die Fotos, die ich in Berlin gemacht habe, sind schön.
내가 베를린에서 찍었던 사진들이 예쁘다.

오늘의 연습 문제

1 다음 관계대명사 표를 완성하세요.

	남성	여성	중성	복수
1격	der	die	❺	❼
2격	❶	❸	❻	❽
3격	dem	❹	dem	❾
4격	❷	die	das	die

2 빈칸에 들어갈 알맞은 관계대명사를 쓰세요.

❶ Das ist der neue Mitarbeiter, _____ aus Korea kommt.

❷ Das ist die Suppe, _____ ich gestern gekocht habe.

❸ Die Kinder, _____ Eltern reich sind, kommen heute.

❹ Er ist mein Onkel, _____ das Haus gehört.

3 두 문장을 관계대명사를 사용하여 연결하세요.

❶ Wir kennen das Kind. + Sein Vater ist Pilot.

➡ _____

❷ Du hast das Buch. + Ich habe das Buch gelesen.

➡ _____

❸ Ich treffe heute die Leute. + Ich habe früher den Leuten geholfen.

➡ _____

4 다음 문장들을 독일어로 쓰세요.

❶ 이것이 내가 어제 산 테이블이다.

➡ _____

❷ 이게 내가 어제 요리한 수프야.

➡ _____

❸ 내가 베를린에서 찍었던 사진들이 예쁘다.

➡ _____

아름다운 왕의 정원, 상수시 궁전

포츠담의 상수시 궁전 Schloss Sanssouci은 프리드리히 대왕이 '세상의 근심을 잊기 위해' 지은 로코코 양식의 아름다운 궁전이에요. 프랑스식 정원과 포도밭 계단이 어우러진 전경은 여유롭고 고요한 분위기를 자아내죠.
궁전 내부는 작은 규모지만 금박과 섬세한 장식으로 꾸며져 있어, 호화로움 속에서도 사색을 즐기는 공간임을 느끼게 해줍니다. 상수기 궁전의 광대한 공원에는 여러 작은 궁전과 벨베데레, 중국풍 티하우스 등 숨겨진 명소들이 있어 하루 종일 산책하며 발견하는 즐거움도 큽니다.

Lektion 29

Wer ist der Mann, mit dem sie jetzt spricht?
그녀가 지금 얘기하고 있는 남자는 누구야?

MP3 바로 듣기

🇩🇪 오늘의 학습 목표
- ✓ 관계대명사 2

🇩🇪 오늘의 표현
- ✓ 그녀가 지금 얘기하고 있는 남자는 누구야?
  Wer ist der Mann, mit dem sie jetzt spricht?
- ✓ 이 버스가 우리가 기다렸던 버스야.
  Das ist der Bus, auf den wir gewartet haben.
- ✓ 나는 팀이 함께 춤추고 있는 그 여자를 알아.
  Ich kenne die Frau, mit der Tim tanzt.

🇩🇪 오늘의 단어

기다리다	warten auf⁴	얘기하다	reden über⁴
색깔	e. Farbe	돌보다	sich kümmern um⁴
만족하다	zufrieden mit³	생각하다	denken an⁴
주제	s. Thema	꿈꾸다	träumen von³
중요한	wichtig	세계여행	e. Weltreise

오늘의 회화

#1

Wer ist der Mann?
그 남자는 누구야?

Das ist der Mann, auf den ich gewartet habe.
그 남자는 내가 기다렸던 남자야.

#2

Wen triffst du heute?
너는 오늘 누구를 만나니?

Ich treffe heute die Freunde, mit denen ich gewohnt habe.
나는 오늘 내가 함께 살았던 친구들을 만나.

#3

Was ist das Auto, das auf dem Bild ist?
사진에 있는 이 차는 뭐야?

Das ist das Auto, mit dem ich gefahren bin.
그건 내가 예전에 타고 다녔던 차야.

오늘의 학습 내용

1 관계대명사 2

1) 전치사와 관계대명사가 있는 문장의 특징

- 관계대명사가 있는 문장에는 반드시 주문장이 필요하므로, 관계절은 종속절이 됩니다. 따라서 관계대명사가 있는 문장에서 동사는 후치됩니다.
- 선행사 바로 뒤에 관계절이 오는 것이 일반적입니다.
- 전치사와 중복된 명사가 함께 있으면 '**전치사 + 관계대명사**' 순으로 배열합니다.

2) 관계대명사 형태 복습

	남성	여성	중성	복수
1격	der	die	das	die
2격	dessen	deren	dessen	deren
3격	dem	der	dem	denen
4격	den	die	das	die

3) 주요 전치사 복습

격	전치사			
3격	mit	~와 함께	bei	~에게, ~옆에
	nach	~로, ~후에	von	~로부터
4격	für	~을 위해	ohne	~없이
	gegen	~를 향해	um	~를 둘러싸고
3&4격	über	~위에, ~에 대해	neben	~옆에
	in	~안에, ~에	an	~에, ~옆에

★TIPP 전치사 각각의 의미와는 별개로 특정동사와 함께 사용되는 특정 전치사의 조합이 있으니 그 조합을 함께 알고 있는 것이 좋습니다!

② 전치사가 있는 관계대명사 문장 만들기

1) 문장을 만드는 법

성과 수	격
선행사(앞에 오는 명사)가 결정	전치사가 결정

2) 예문으로 익히기

여성 단수	여성 4격
Ich kenne die Frau. 나는 그 여자를 안다.	Du wartest auf die Frau. 너는 그 여자를 기다리고 있다.

Ich kenne die Frau, auf die du wartest.
나는 네가 기다리고 있는 그 여자를 안다.

③ 문장 만들기

Wer ist der Mann, mit dem sie jetzt spricht?
그녀가 지금 얘기하고 있는 남자는 누구야?

Das ist die Farbe, mit der ich zufrieden bin.
이게 내가 만족하는 색깔이다.

Das Thema, über das er redet, ist wichtig.
그가 말하는 이 주제는 중요하다.

Die Kinder, neben denen sie sitzen, sind glücklich.
그들이 옆에 앉아있는 그 아이들은 행복하다.

Das ist die Stadt, in der ich studiert habe.
이 도시가 내가 대학을 다닌 도시이다.

Ich liebe die Kinder, um die ich mich kümmere.
나는 내가 돌보는 아이들을 사랑한다.

Das ist ein Tag, an den ich gern denke.
그 날은 내가 즐겨 생각하는 하나의 날이다.

Sie machen die Weltreise, von der man träumt.
그들은 사람들이 꿈꾸는 세계여행을 한다.

MEMO

오늘의 연습문제

1 빈칸에 들어갈 알맞은 관계대명사를 쓰세요.

❶ Sie machen die Weltreise, von _____ man träumt.

❷ Wer ist der Mann, mit _____ sie jetzt spricht?

❸ Das Thema, über _____ er redet, ist wichtig.

2 다음 두 문장을 관계대명사를 사용하여 연결하세요.

❶ Das ist die Farbe. + Ich bin zufrieden mit der Farbe.

➡ _____

❷ Ich liebe die Kinder. + Ich kümmere mich um die Kinder.

➡ _____

❸ Das ist die Stadt. + Ich habe in der Stadt studiert.

➡ _____

❹ Das ist ein Tag. + Ich denke gern an den Tag.

➡ _____

정답 p.226

Lektion 30

Wiederholung
24~29강 복습

MP3 바로 듣기

🇩🇪 오늘의 학습 목표

- ✓ dass절 복습하기
- ✓ zu 부정사 복습하기
- ✓ 재귀대명사, 재귀동사 복습하기
- ✓ 직접의문문/간접의문문, 의문사 복습하기
- ✓ 관계대명사, 관계절 복습하기

🇩🇪 오늘의 표현

- ✓ 나 지금 손 씻고 있어.
  Ich wasche mir jetzt die Hände.
- ✓ 너 네 친구 안야가 내일 파티에 오는지 안 오는지 알아?
  Weißt du, ob deine Freundin Anja morgen zur Party kommt?
- ✓ 너 그 파란색 눈을 가진 안야를 말하는 거야?
  Meinst du die Anja, die blaue Augen hat?
- ✓ 응, 그녀가 나에게 파티가 어디에서 열리는지 물어봤었어.
  Ja, sie hat mich gefragt, wo die Party stattfindet.
- ✓ 맞아! 나는 그녀도 오기를 바라.
  Genau! Ich hoffe, dass sie auch kommt.

오늘의 회화

Laura, darf ich dich etwas fragen?
라우라, 나 뭐 좀 물어봐도 될까?

Warte mal! Ich wasche mir jetzt die Hände.
잠시만 기다려봐! 나 지금 손 씻고 있어.

Weißt du, ob deine Freundin Anja morgen zur Party kommt?
너 네 친구 안야가 내일 파티에 오는지 안 오는지 알아?

Meinst du die Anja, die blaue Augen hat? Ja, sie hat mich gefragt, wo die Party stattfindet.
눈이 파란 그 안야 말이야? 응, 걔가 내일 파티가 어디에서 열리는지 물어봤었어.

Genau! Ich hoffe, dass sie auch kommt.
맞아! 그 얘도 왔으면 좋겠다.

e. Party 파티 | s. Auge, -n 눈 | stattfinden 개최되다, 열리다

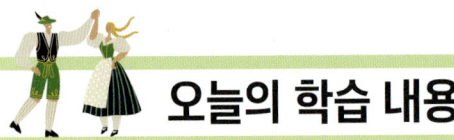

오늘의 학습 내용

1 dass 절과 zu 부정사

1) dass 절 vs. zu 부정사

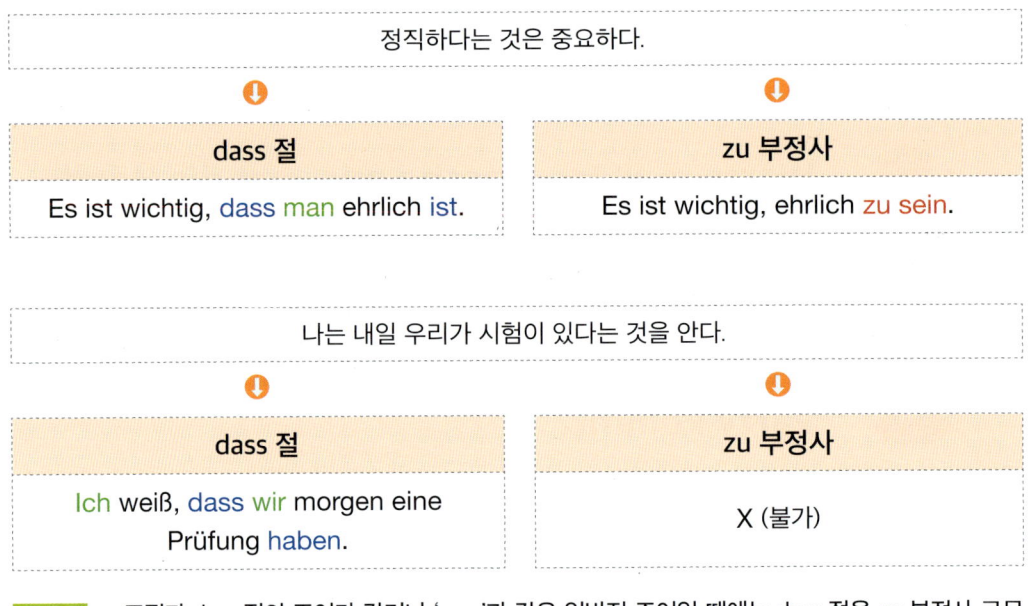

> **★ TIPP** 주절과 dass 절의 주어가 같거나 'man'과 같은 일반적 주어일 때에는 dass 절을 zu 부정사 구문으로 바꿀 수 있지만 주어가 다른 경우에는 바꿀 수 없습니다.

2) dass 절 → zu 부정사

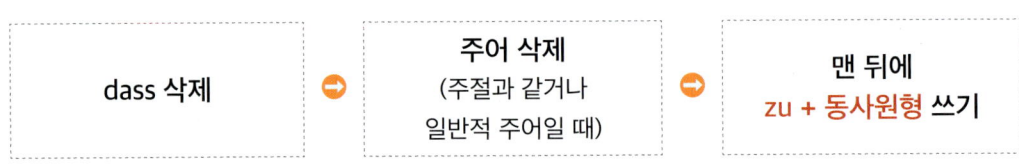

2 재귀대명사

독일어의 동사에는 재귀대명사와 함께 재귀동사로만 사용되는 동사가 있고, 일단 (대)명사와 재귀대명사를 모두 취하며 재귀동사로도 사용되는 동사도 있습니다.

재귀대명사	재귀동사
주어의 행동이 목적어에 돌아올 때, 그 목적어를 재귀대명사라고 함	재귀대명사를 사용하는 동사

1) 재귀대명사의 형태

ich	mir (3격)	wir	uns
	mich (4격)		
du	dir (3격)	ihr	euch
	dich (4격)		
er / sie / es	sich	sie / Sie	sich

2) 재귀대명사의 격

① 재귀대명사는 주로 4격이 많이 사용됨

Ich wasche das Auto.　　　　　　　나는 그 자동차를 씻는다.

Ich wasche mich.　　　　　　　　나는 나 자신을 씻는다.

② 3격 재귀대명사가 사용되는 경우 : 4격 목적어가 있을 때

Ich wasche dem Kind die Hände.　　나는 그 아이의 손을 씻겨 준다.

Ich wasche mir die Hände.　　　　나는 내 손을 씻는다.

③ 직접의문문 vs. 간접의문문

1) 의문사가 있는 경우

간접의문문에 사용된 의문사는 종속접속사의 역할도 하므로 종속절의 동사가 문장의 맨 끝으로 이동(후치)합니다.

직접의문문	의문사 + 동사 + 주어 …?
	Wo ist die Toilette?
	화장실이 어디에 있나요?

간접의문문	주문장 + 의문사 + 주어 ... 동사?
	Wissen Sie, wo die Toilette ist?
	화장실이 어디에 있는지 아시나요?

2) 의문사가 없는 경우

의문사 없는 의문문은 종속접속사 'ob (~인지 아닌지)'을 사용해 문장을 연결합니다.

직접의문문	동사 + 주어 ...?
	Ist er verheiratet?
	그는 결혼했나요?

간접의문문	주문장 + 의문사 + 주어 ... 동사?
	Wissen Sie, ob er verheiratet ist?
	당신은 그가 결혼했는지 아시나요?

3) 의문사 정리

누가	wer	무엇을	was
언제	wann	왜	warum
어떻게	wie	어디서	wo

의문사 wer			
누가	wer	누구에게	wem
누구의	wessen	누구를	wen

의문사 wo			
어디에	wo	어디로	wohin
어디로부터	woher		

④ 관계대명사

1) 관계대명사의 형태

	남성	여성	중성	복수
1격	der	die	das	die
2격	dessen	deren	dessen	deren
3격	dem	der	dem	denen
4격	den	die	das	die

2) 관계대명사가 있는 문장의 특징

① 반드시 주문장이 필요하므로, 관계절은 종속절이 됩니다. (종속절에서 동사 후치)
② 선행사 바로 다음 관계절이 오는 것이 일반적입니다.
③ 전치사와 중복된 명사(선행사)가 함께 있으면 '전치사 + 관계대명사' 순으로 문장을 구성합니다.

복습 퀴즈! 제시된 빈칸을 채워 보세요.

1. Setzen Sie _____!
   앉으세요!
2. Weißt du, _____ sie morgen zur Party kommt?
   너는 그녀가 내일 파티에 올지 안 올지 알고 있니?
3. _____ gehört das Handy?
   이 핸드폰은 누구에게 속해있지? (누구의 것이지?)
4. Ich spreche mit dem Mann, _____ unser Chef gestern getroffen hat.
   나는 우리의 상사가 어제 만났던 그 남자와 얘기하고 있다.
5. Er kennt die Leute, _____ _____ ich jetzt warte.
   그는 내가 지금 기다리고 있는 그 사람들을 안다.

[정답] 1. sich | 2. ob | 3. Wem | 4. den | 5. auf, die

실전 Test

1 다음 dass절 문장을 zu 부정사 문장으로 바꿔보세요. (바꿀 수 없는 문장은 X 표시)

❶ Ich freue mich, dass ich Sie kennenlerne.

　당신을 알게 되어 기쁩니다.

➡ _____

❷ Es ist wichtig, dass man viel übt.

　많이 연습하는 것이 중요하다.

➡ _____

❸ Ich habe gehört, dass es morgen regnet.

　나는 내일 비가 온다는 것을 들었다.

➡ _____

2 우리말 해석을 참고해서 알맞은 형태의 재귀대명사를 빈칸에 적어보세요.

❶ Er wäscht _____ das Gesicht.

　그는 세수를 한다.

❷ Setz _____!

　자리에 앉아!

❸ Ich dusche _____.

　나는 샤워를 한다.

3 다음 직접의문문을 간접의문문으로 바꿔보세요.

① Wo ist mein Handy?　　　　　　　　내 휴대폰 어디 있어?

➡ Weißt du, _____?

　내 휴대폰이 어디 있는지 아니?

② Kommen Sie zur Party?　　　　　　파티에 오시나요?

➡ Können Sie mir bitte sagen, _____?

　파티에 오시는지 말해주실 수 있을까요?

③ Warum kommen Sie morgen nicht?　내일 왜 못 오시나요?

➡ Können Sie mir sagen, _____.

　내일 왜 못 오시는지 말해주실 수 있나요?

4 우리말 해석을 참고해서 알맞은 형태의 관계대명사를 빈칸에 적어보세요.

① Das ist die Frau, _____ ich gestern geholfen habe.

　저 여자가 내가 어제 도움을 준 그 여자야.

② Wer sind die Leute, mit _____ er spricht?

　그가 대화하고 있는 저 사람들은 누구야?

③ Was ist das Foto, auf _____ etwas geschrieben ist?

　무언가 써져 있는 이 사진은 뭐야?

연습문제 정답

Lektion 01 p. 27

1. ① Warten Sie einen Moment!
   ② Hören Sie gut zu!
   ③ Seien Sie nett!

2. ① Schlaft gut!
   ② Nehmt den Bus!
   ③ Lest das Buch!

3. ① Ruf mich an!
   ② Hab Mut!
   ③ Gib mir die Adresse!

Lektion 02 p. 33

1. ① ich dachte
   ② du warst
   ③ ihr sangt
   ④ wir nahmen
   ⑤ er wusste
   ⑥ sie hatte
   ⑦ ich machte
   ⑧ wir hatten
   ⑨ du arbeitetest
   ⑩ ihr wart

2. ⓐ Er sang laut.

Lektion 03 p. 39

1. ① Ich habe Musik gehört.
   ② Er hat sie geliebt.
   ③ Wir haben dort eingekauft.
   ④ Die Frau hat das Auto verkauft.

2. ① Ich habe die Hausaufgaben gemacht.
   ② Er hat mich eingeladen.
   ③ Wir haben die Zeitung gelesen.
   ④ Was habt ihr gedacht?

Lektion 04 p. 45

1. ① Ich bin heute früher aufgestanden.
   ② Er ist auf die Bäume geklettert.
   ③ Wann bist du nach Berlin gefahren?
   ④ Wir sind zu Hause geblieben.

2. ⓒ Wir sind sofort eingeschlafen.

Lektion 05 p. 52

1. ① Schlaft früh!
   ② Finde deinen Weg!
   ③ Seien Sie nett!
   ④ Lies das Buch!
   ⑤ Geh nach Hause!

2. ① war
   ② hatte
   ③ wusste

3. ① habe, aufgeräumt
   ② ist passiert
   ③ ist, aufgestanden
   ④ hat, besucht
   ⑤ ist, gefahren

4. ① Wir wussten das.
   ② Du hast mich nicht verstanden.
   ③ Wann seid ihr nach Hause gegangen?

Lektion 06 p. 59

1. ① nach
   ② seit
   ③ mit

2. ① der
   ② einer
   ③ dem
   ④ der

3. ① mit deinen Eltern
   ② zur Schule
   ③ bei Seoul
   ④ außer mir
   ⑤ nach dem Essen
   ④ aus
   ⑤ mit
   ⑥ ohne

Lektion 07   p. 65

1. ① um
   ② um
   ③ für

2. ① d<u>en</u>
   ② ihr<u>en</u>
   ③ d<u>en</u>
   ④ dein<u>e</u>

3. ① für dich
   ② bis nächste Woche
   ③ die Straße entlang
   ④ für meinen Freund
   ⑤ ohne sein Buch

Lektion 08   p. 72

1. ① d<u>er</u>
   ② d<u>em</u>
   ③ d<u>as</u>
   ④ d<u>as</u> (ans)

2. ① in der Schule
   ② vor die Tür
   ③ zwischen den Kindern
   ④ ins Kino (in das Kino)
   ⑤ am Meer (an dem Meer)

3. ① mit
   ② für
   ③ durch

Lektion 09   p. 79

1. ① d<u>es</u>
   ② d<u>es</u>
   ③ d<u>er</u>
   ④ d<u>es</u>

2. ① während des Semesters
   ② außerhalb der Arbeitszeit
   ③ statt eines Autos
   ④ wegen eines Unfalls
   ⑤ während der Ferien

Lektion 10   p. 85

1. ① wirst
   ② wird
   ③ werdet

2. ① Ich werde heute kommen.
   ② Er wird zu Hause bleiben.
   ③ Sie wird das später machen.
   ④ Was werdet ihr machen?
   ⑤ Wir werden das sehen.

Lektion 11   p. 92

1. ① ihren
   ② dem
   ③ einem
   ④ des

2. ① bei
   ② In
   ③ Am, ans
   ④ Ohne
3. ① wird, kommen
   ② werde, besuchen
   ③ wird, bekommen
4. ① Das Geschenk ist für dich.
   ② Sie wird wohl dich vermissen.
   ③ Er kommt wegen des Staus zu spät.

Lektion 12   p. 99

1. ① kleiner
   ② größer
   ③ süßer
   ④ kürzer
   ⑤ kälter
   ⑥ besser
   ⑦ am kleinsten
   ⑧ am größten
   ⑨ am süßesten
   ⑩ am kürzesten
   ⑪ am kältesten
   ⑫ am besten
2. ① Heute ist es klarer
   ② Er ist älter
   ③ Sie ist klüger
3. ① Er ist am jüngsten.
   ② Der Film gefällt mir am besten.
   ③ Heute ist es am wärmsten.

Lektion 13   p. 105

1. ① er
   ② en
   ③ em
   ④ en
   ⑤ e
   ⑥ er
   ⑦ er
   ⑧ e
   ⑨ es
   ⑩ en
   ⑪ em
   ⑫ es
   ⑬ e
   ⑭ er
   ⑮ en
   ⑯ e
2. ① es
   ② em
   ③ er
   ④ er
3. ⓔ Ich mag die Duft frischen Kaffees.

Lektion 14   p. 111

1. ① e
   ② en
   ③ en
   ④ en
   ⑤ e
   ⑥ en
   ⑦ en
   ⑧ e
   ⑨ e
   ⑩ en
   ⑪ en
   ⑫ e
   ⑬ en
   ⑭ en
   ⑮ en
   ⑯ en

2. ① e
   ② en
   ③ e
   ④ e, en

3. ⓐ Sie mag die praktischen Möbel.

Lektion 15 p. 117

1. ① er
   ② en
   ③ en
   ④ en
   ⑤ e
   ⑥ en
   ⑦ en
   ⑧ e
   ⑨ es
   ⑩ en
   ⑪ en
   ⑫ es
   ⑬ en
   ⑭ en
   ⑮ en
   ⑯ en

2. ① er
   ② e
   ③ es
   ④ en

3. ⓓ Heute haben wir ein schönes Wetter.

Lektion 16 p. 124

1. ① [비] klarer [최] am klarsten
   ② [비] kleiner [최] am kleinsten
   ③ [비] größer [최] am größten
   ④ [비] kürzer [최] am kürzesten
   ⑤ [비] länger [최] am längsten
   ⑥ [비] älter [최] am ältesten
   ⑦ [비] jünger [최] am jüngsten
   ⑧ [비] kälter [최] am kältesten
   ⑨ [비] wärmer [최] am wärmsten
   ⑩ [비] mehr [최] am meisten
   ⑪ [비] lieber [최] am liebsten
   ⑫ [비] besser [최] am besten

2. ① süßer / am süßesten
   ② teurer / am teuersten

3. ① dicke
   ② warmen
   ③ kleine
   ④ alten
   ⑤ bessere

4. ① Wir haben heute schlechtes Wetter.
   ② Das ist ein guter Computer.
   ③ Ich esse gern scharfe Nudeln.

Lektion 17 p. 131

1. ① welcher
   ② welchem
   ③ welcher
   ④ welche
   ⑤ welches
   ⑥ welchem
   ⑦ welcher
   ⑧ welche

2. ① e
   ② es
   ③ er
   ④ en

3. ① Welches Eis möchtest du (essen)?
   ② Welche Schuhe kaufen Sie?
   ③ Welches Buch liest er?

Lektion 18 p. 137

1. ① was für ein
   ② was für einem
   ③ was für einer
   ④ was für einer
   ⑤ was für einem
   ⑥ was für ein
2. ① en
   ② e
   ③ em
   ④ em
3. ① Was für Schuhe wollen Sie?
   ② In was für einer Firma arbeiten Sie?
   ③ Was für ein Film ist das?

Lektion 19 p. 144

1. ① erst
   ② zweit
   ③ dritt
   ④ viert
   ⑤ siebt
   ⑥ neunzehn
   ⑦ einundzwanzigst
2. ① dritte August
   ② fünfte September
   ③ siebten Oktober
   ④ ersten November
3. 예) Ich habe am 23. Mai Geburtstag.

Lektion 20 p. 151

1. ① jeden Tag
   ② nächste Woche
   ③ nächstes Jahr
   ④ jeden Monat

2. ① jeden dritten Tag
   ② jede siebte Woche
   ③ jeden achten Monat
   ④ jedes vierte Jahr
3. ① en
   ② es
   ③ en
   ④ e

Lektion 21 p. 157

1. ① Ich gebe **ihm** das Buch.
   ② Sie schenkt **sie** dem Lehrer.
   ③ Er kauft **es ihnen**.
2. ① Warum kaufst du ihr die Blume?
   ② Gefällt dir das Buch?
   ③ Weil er mir das Buch gibt.

Lektion 22 p. 164

1. ① Ich **hätte** gern ein Eis bitte.
   ② Er **wäre** jetzt in Berlin.
   ③ **Könntest** du mir helfen?
   ④ Sie **käme** morgen.
2. ① würdet
   ② möchte
   ③ solltest
   ④ müssten
3. ① fahren
   ② sein
   ③ werden

Lektion 23 p. 172

1. ① Welches
   ② Was für einen

❸ Welche

❹ Was für

2. ❶ dritte

❷ siebten

❸ zweiten

❹ ersten

3. ❶ Jeden Tag

❷ den ganzen Tag

❸ Nächste Woche

❹ jedes Jahr

4. ❶ ⓒ

❷ ⓒ

Lektion 24   p. 179

1. ❶ Es ist wichtig, dass man gesund isst.

❷ Ich verspreche es dir, dass ich morgen zur Party komme.

❸ Er weiß, dass sie das gesehen hat.

2. ❶ Schade, dass ihr jetzt gehen müsst.

❷ Ich weiß, dass du morgen eine wichtige Prüfung hast.

3. ❶ 내가 독일어를 잘 말한다는 것은 중요하다.

❷ 그는 그녀가 숙제를 했다는 것을 보았다.

Lektion 25   p. 185

1. ❶ Es ist wichtig, Deutsch zu lernen.

❷ Ich finde es gut, in den Ferien viel zu reisen.

❸ Er hat keine Zeit, heute auszugehen.

2. ❶ Ich hoffe, bald gut Deutsch zu sprechen.

❷ Sie versucht, morgen früh aufzustehen.

3. ❶ Es ist lustig, Deutsch zu lernen.

❷ Ich habe vergessen, das Fenster zuzumachen.

Lektion 26   p. 191

1. ❶ mir

❷ dir

❸ sich

❹ uns

❺ sich

2. ❶ mich

❷ dich

❸ sich

❹ euch

3. ❶ Wir schminken uns.

❷ Sie können sich hier setzen.

❸ Du musst dich beeilen.

Lektion 27   p. 197

1. ❶ Wissen Sie, wo der Hauptbahnhof ist?

❷ Ich weiß, was du gestern gemacht hast.

❸ Er sagt nicht, wer die Frau ist.

❹ Ich möchte wissen, ob er verheiratet ist.

2. ❶ Können Sie mir sagen, woher Sie kommen?

❷ Er möchte wissen, ob sie ihn liebt.

❸ Kannst du mir sagen, wann du morgen kommst?

Lektion 28   p. 204

1. ❶ dessen

❷ den

❸ deren

❹ der

❺ das

❻ dessen

❼ die

❽ deren

❾ denen

2. ① der
   ② die
   ③ deren
   ④ dem
3. ① Wir kennen das Kind, dessen Vater Pilot ist.
   ② Du hast das Buch, das ich gelesen habe.
   ③ Ich treffe heute die Leute, denen ich früher geholfen habe.
4. ① Das ist der Tisch, den ich gestern gekauft habe.
   ② Das ist die Suppe, die ich gestern gekocht habe.
   ③ Die Fotos, die ich in Berlin gemacht habe, sind schön.

4. ① der
   ② denen
   ③ das

Lektion 29   p. 211

1. ① der
   ② dem
   ③ das
2. ① Das ist die Farbe, mit der ich zufrieden bin.
   ② Ich liebe die Kinder, um die ich mich kümmere.
   ③ Das ist die Stadt, in der ich studiert habe.
   ④ Das ist ein Tag, an den ich gern denke.

Lektion 30   p. 218

1. ① Ich freue mich, Sie kennenzulernen.
   ② Es ist wichtig, viel zu üben.
   ③ X
2. ① sich
   ② dich
   ③ mich
3. ① wo mein Handy ist?
   ② ob Sie zur Party kommen?
   ③ warum Sie morgen nicht kommen?

MEMO

시원스쿨닷컴